ISBN: 978-952-80-7151-8

3. versio
Kustantaja: BoD – Books on Demand, Helsinki, Suomi
Valmistaja: BoD – Books on Demand, Norderstedt, Saksa

Laatuun ja toimitukseen liittyviä kysymyksiä: info@bod.fi
Sisältöön liittyviä neuvoja: info.islaminusko@gmail.com

Islamilaiset klassikot 1

نَوَاقِضُ الإِسلامِ

Islamin mitätöijät

القَوَاعِدُ الأَربَعُ

Neljä *shirkin* periaatetta

الأُصُولُ الثَّلَاثَةُ وَأَدِلَّتُهَا

Kolme perusperiaatetta ja niiden todisteet

الأَرْبَعُون النَّوَوِيَّة

40 *hadith* an-Nawawi

Kääntänyt ja koonnut: Asiya Rosa ja Aiub Dawdi

Sisällys

بسم الله الرحمن الرحيم

Allahin, Armeliaimman, Armahtajan nimeen.

Esipuhe

Kaikki ylistykset, kiitokset ja kunnia kuuluvat ainoalle palvomisen arvoiselle Jumalalle, jolla ei ole vertaisia, eikä jälkeläisiä. Todistan, ettei ole muuta palvomisen arvoista jumalaa kuin Jumala (الله) ja todistan, että Muhammad ﷺ on Hänen viimeinen sanansaattajansa ja Jeesus - rauhaa hänelle - oli Hänen profeettansa ja palvelijansa.

Jumalan rauha, armo ja siunaukset olkoon kaikkien profeettojen, sanansaattajien, viimeisen sanansaattajan seuralaisten sekä hänen uskovaisen perheensä yllä ja heidän opetuksiensa seuraajien yllä.

Pyydämme, että Jumala johdattaa meitä noudattamaan Hänen viimeistä ja voimassa olevaa ilmoitustaan, joka tuli kumoamaan edelliset kirjoitukset, kuten Hän sanoi:

وَأَنزَلْنَآ إِلَيْكَ ٱلْكِتَٰبَ بِٱلْحَقِّ مُصَدِّقًا لِّمَا بَيْنَ يَدَيْهِ مِنَ ٱلْكِتَٰبِ وَمُهَيْمِنًا عَلَيْهِ

"Me lähetimme alas sinulle (Muhammad) Kirjan (Koraanin) totuudella, vahvistaen, mitä tuli ennen sitä Hänen kirjoistaan ja kumoamaan ne."
(5:48)

Ja kuten Hänen sanansaattajansa ﷺ sanoi:

وَكَانَ النَّبِيُّ يُبْعَثُ إِلَى قَوْمِهِ خَاصَّةً، وَبُعِثْتُ إِلَى النَّاسِ كَافَّةً

"Ja muut profeetat lähetetiin erityisesti heidän omalle kansalleen, mutta minut on lähetetty koko ihmiskunnalle."
(Sahih al-Bukhari 438)

Pyydämme, että Jumala johdattaa meitä seuraamaan Hänen viimeisen sanansaattajansa ﷺ opetuksia ja määräyksiä, jotka ovat osa islamin uskonnon kokonaisuutta, kuten Jumala sanoi:

وَمَآ ءَاتَىٰكُمُ ٱلرَّسُولُ فَخُذُوهُ وَمَا نَهَىٰكُمْ عَنْهُ فَٱنتَهُوا۟

"Ottakaa se, mitä sanansaattaja (Muhammad) teille antaa ja pidättäytykää siitä, mitä ikinä hän teiltä kieltää." *(59:7)*

يَـٰٓأَيُّهَا ٱلَّذِينَ ءَامَنُوٓاْ أَطِيعُواْ ٱللَّهَ وَأَطِيعُواْ ٱلرَّسُولَ

"Oi te, jotka uskotte! Totelkaa Jumalaa ja totelkaa sanansaattajaa." (4:59)

مَّن يُطِعِ ٱلرَّسُولَ فَقَدْ أَطَاعَ ٱللَّهَ

"Kuka ikinä tottelee sanansaattajaa on totisesti totellut Jumalaa." (4:80)

قُلْ إِن كُنتُمْ تُحِبُّونَ ٱللَّهَ فَٱتَّبِعُونِى يُحْبِبْكُمُ ٱللَّهُ وَيَغْفِرْ لَكُمْ ذُنُوبَكُمْ وَٱللَّهُ غَفُورٌ رَّحِيمٌ

"Sano (Muhammad): 'Jos te rakastatte Jumalaa, seuratkaa minua (eli profeettaa), niin silloin Jumala tulee rakastamaan teitä ja antamaan teille syntinne anteeksi. Jumala on rajattoman Anteeksiantava, Armollinen.'"

(3:31)

Ja Hänen sanansaattajansa ﷺ sanoi:

أُوصِيكُمْ بِأَصْحَابِي ثُمَّ الَّذِينَ يَلُونَهُمْ ثُمَّ الَّذِينَ يَلُونَهُمْ

"Minä käsken teitä pitää kiinni seuralaisistani, sitten niistä, jotka seuraavat heitä, sitten niistä, jotka seuraavat heitä."

(Sunan at-Tirmidhi 2165, sahih al-Albaanin mukaan)

Ja hän ﷺ sanoi:

أُمَّتِي عَلَى ثَلَاثٍ وَسَبْعِينَ مِلَّةً كُلُّهُمْ فِي النَّارِ إِلَّا مِلَّةً وَاحِدَةً

"Kansani tulee jakautumaan seitsemänkymmeneen kolmeen eri suuntaukseen ja he kaikki joutuvat Helvetin tuleen yhtä suuntausta lukuun ottamatta."

Profeetan ﷺ seuralaiset kysyivät, ketkä tulevat kuulumaan Helvetin tulelta säästyviin. Hän ﷺ vastasi siihen:

مَا أَنَا عَلَيْهِ وَأَصْحَابِي

"Se on suuntaus, johon minä ja minun seuralaiseni kuulumme."

(Sunan at-Tirmidhi 2641, hasan al-Albaanin mukaan)

Toisessa raportissa hän ﷺ vastasi:

الْجَمَاعَةُ

"Al-Jamaa'ah."

(Sunan ibn Majah 3992, sahih al-Albaanin mukaan)

Profeetan ﷺ seuralainen Abdullah ibn Mas'uud - Jumala olkoon tyytyväinen häneen - sanoi al-jamaa'ah-sanasta:

الْجَمَاعَةُ مَا وَافَقَ الْحَقَّ وَإِنْ كُنْت وَحْدَك

"Al-Jamaa'ah on se, mikä seuraa totuutta, vaikka olisit yksin."
(*I'laam al-muwaqqi'iin* 3/308)

Ja hän - Jumala olkoon tyytyväinen häneen - sanoi :

لَا يَزَالُ النَّاسُ بِخَيْرٍ مَا أَتَاهُمُ الْعِلْمُ مِنْ قِبَلِ أَصْحَابِ مُحَمَّدٍ صَلَّى الله عَلَيْهِ وَسَلَّمَ

"Ihmiset tulevat olemaan hyvässä niin kauan, kun he ottavat tiedon Muhammadin ﷺ seuralaisilta."
(*Al-Zuhd wal-raqa'iq* 801)

Pyydämme, että Jumala auttaa meitä laittamaan oppimamme tiedon käytäntöön. Toivotamme kaikille lukijoille siunattuja lukukokemuksia.

Kaikki käännökset ovat yleisesti käännöksiä lausuntojen merkityksistä. Kirja on käännetty arabian kielestä. Kaikki hyvä on vain Allahilta ja kaikki huono ja virheellisyys on tekstin suhteen vain meiltä ja paholaiselta.

Mikäli löydät käännöksistä jotain parannettavaa, niin olethan heti yhteydessä: **info.islaminusko@gmail.com** tai **islamilaisetkirjat@gmail.com**

Asiya Rosa & Aiub Dawdi

Käännökset ovat suuntaa antavia käännöksiä tekstien merkityksistä.

Sanasto

Allah (الله) **:** Tässä tekstissä käytetään sanan "Jumala" sijasta sanaa "Allah", sillä käännös "Jumala" ei anna riittävää oikeutta arabiankielisen sanan merkitykselle, joka tarkoittaa ainoaa palvomisen arvoista Jumalaa. Islamin mukaisessa ymmärryksessä Jumala on palvomisen arvoinen Hänen nimiensä ja ominaisuuksiensa ansiosta, joita Hän on ilmoittanut itsestään Kirjassaan tai joista Hänen lähettiläänsä ﷺ on Hänestä autenttisesti ilmoittanut.

Allah sanoi:

ٱللَّهُ لَآ إِلَٰهَ إِلَّا هُوَ ٱلْحَىُّ ٱلْقَيُّومُ

"Allaah (Jumala), ei ole muuta palvonnan arvoista kuin Hän - Elävä, kaikkeuden riippumaton Ylläpitäjä."
(2:255)

لَيْسَ كَمِثْلِهِ شَىْءٌ

"Ei ole mitään Hänen kaltaistaan".
(42:11)

قُلْ هُوَ ٱللَّهُ أَحَدٌ

"Sano: `Hän on Jumala, (ja Hän on) Yksi,

ٱللَّهُ ٱلصَّمَدُ

Täydellinen (ja muista riippumaton) Jumala (jota kaikki olennot tarvitsevat).

لَمْ يَلِدْ وَلَمْ يُولَدْ

Hän ei ole synnyttänyt eikä Häntä olla synnytetty.

وَلَمْ يَكُن لَّهُۥ كُفُوًا أَحَدٌ

Ja ei ole ketään Hänen vertaistaan.'"
(112:1-4)

14

ذَٰلِكَ بِأَنَّ ٱللَّهَ هُوَ ٱلْحَقُّ وَأَنَّ مَا يَدْعُونَ مِن دُونِهِ هُوَ ٱلْبَٰطِلُ وَأَنَّ ٱللَّهَ هُوَ ٱلْعَلِىُّ ٱلْكَبِيرُ

"Tuo on siksi, että Allah on (ainoa) totuus (eli ainoa, joka ansaitsee palvontaa) ja kaikki, mitä kutsutaan (ja palvotaan) Hänen sijaansa (tai hänen lisäksi) on harhaa (eli he eivät ansaitse palvontaa, eivätkä he voi haittaa tai hyödyttää kutsujaa). Ja totisesti Allah on Ylevin, Mahtavin."
(22:62)

ﷺ : *(Salla-Allaahu 'alayhi wa sallam)* Allahin rauha ja siunaukset olkoon hänen yllään.

hj. : *Hijran* jälkeen. Tällä viitataan ajanlaskuun, joka alkoi profeetan ﷺ siirtyessä Mekasta Medinaan vuonna 622. *Hijri*-kalenterissa jokainen kuukausi alkaa uudenkuun myötä. Kalenterissa on kaksitoista kuukautta, ja kuukaudessa on 29 tai 30 päivää.

نَوَاقِضُ الإِسلَامِ

Islamin mitätöijät

(Kymmenen asiaa, jotka mitätöivät henkilön islamin)

لأمام الدعوة الشيخ
محمد بن عبد الوهاب بن سليمان التميمي

li-Imam ad-da'wati ash-sheikh Muhammad bin 'Abdil-Wahhaab bin
Sulayman at-Tamiimi

(١١١٥ - ١٢٠٦هـ)

1115-1206 hj.

Kääntäjän kommentit

Tavallinen muslimi opiskelee islamin mitätöijiä, jotta hän voi suojella itseään niitä vastaan.

Emme opiskele näitä siksi, että voisimme nimitellä toisia epäuskoviksi niiden perusteella, sillä siihen liittyy muitakin tekijöitä, joita olisi tutkittava ja tämä on tarvittaessa oppineiden ja virallisten islamilaisten tuomareiden tehtävä.

Allah sanoi:

وَلَا تَقُولُواْ لِمَنْ أَلْقَىٰٓ إِلَيْكُمُ ٱلسَّلَٰمَ لَسْتَ مُؤْمِنًا

"Ja älkää sanoko hänelle, joka tervehtii teitä rauhalla: 'Sinä et ole uskova.'"
(4:94)

Hudhayfah - Allah olkoon tyytyväinen häneen - raportoi, että hän sanoi profeetalle ﷺ :

قُلْتُ يَا نَبِيَّ ٱللَّهِ أَيُّهُمَا أَوْلَىٰ بِالشِّرْكِ ٱلْمَرْمِيُّ أَمِ ٱلرَّامِي

"Oi Allahin profeetta, kumpi on lähempänä epäjumalanpalvelua? Väitetty tai väittäjä?"

Profeetta ﷺ sanoi:

بَلِ ٱلرَّامِي

"Pikemminkin väittäjä."

(*Sahih ibn Hibbaan* 81, *sahih* ibn Kathiirin mukaan)

On siis hyvä muistaa, että tämä tieto on ensisijassa teoriaa ja paljon huomioitavia asioita, kuten mm. henkilön aikomus teon tekemisessä, joka saattaa vaikuttaa säädökseen, kuten tiedämme Hatibin tapauksesta liittyen kirjeeseen, jota hän yritti lähettää Mekkaan.

Ash-Shawkani - Allah armahtakoon hänet - sanoi:

اعلم أن الحكم على الرجل المسلم بخروجه من دين الإسلام ودخوله في الكفر لا ينبغي لمسلم يؤمن بالله واليوم الآخر أن يقدم عليه إلا ببرهان أوضح من شمس النهار

"Tiedä, että säädös liittyen muslimimiehen islamin jättämiseen ja epäuskoon kääntymisen on, **ettei ole sopivaa muslimille, joka uskoo Allahiin ja viimeiseen päivään, väittää tätä paitsi todisteella, joka on selkeämpi kuin päivänvalo.**"

(*Sayl al-jirar* 1/978)

On myös hyvä muistaa, että ovet ovat auki vilpittömälle katumukselle, johon virheisiin tippunut voi kääntyä ja saada Allahin armahduksen.

Abu Huraira - Allah olkoon tyytyväinen häneen - raportoi, että profeetta ﷺ sanoi:

مَنْ تَابَ قَبْلَ أَنْ تَطْلُعَ الشَّمْسُ مِنْ مَغْرِبِهَا تَابَ اللَّهُ عَلَيْه

"Kuka ikinä katuu (vilpittömästi) ennen kuin aurinko nousee lännestä, niin Allah tulee antamaan hänelle anteeksi."

(*Sahih Muslim* 2703)

Ja hän ﷺ sanoi:

التَّائِبُ مِنَ الذَّنْبِ كَمَنْ لَا ذَنْبَ لَهُ

"Katumuksen tehnyt synnistä on kuin hän, jolla ei ole syntiä."

(*Sunan ibn Majah* 4250, *hasan* al-Albaanin mukaan)

Ja Allah sanoi:

قُلْ يَٰعِبَادِىَ ٱلَّذِينَ أَسْرَفُوا۟ عَلَىٰٓ أَنفُسِهِمْ لَا تَقْنَطُوا۟ مِن رَّحْمَةِ ٱللَّهِ إِنَّ ٱللَّهَ يَغْفِرُ ٱلذُّنُوبَ جَمِيعًا إِنَّهُۥ هُوَ ٱلْغَفُورُ ٱلرَّحِيمُ

"Sano: 'Oi minun palvelijani, jotka olette toimineet omia sielujanne

19

vastaan, älkää olko epätoivoisia Allahin armosta. Totisesti, Allah antaa anteeksi kaikki synnit (vilpittömälle katujalle). Totisesti, Hän on Anteeksiantava, Armahtaja.'"

(39:53)

Ja Hän sanoi:

إِنَّ الْحَسَنَاتِ يُذْهِبْنَ السَّيِّئَاتِ

"Totisesti, hyvät teot poistavat huonoja tekoja."

(11:114)

Ja Allah tietää parhaiten.

بِسْمِ اللهِ الرَّحْمَنِ الرَّحِيمِ

Allahin, Armeliaimman, Armahtajan nimeen.

إِعْلَمْ أَنَّ نَوَاقِضَ الْإِسْلَامِ عَشَرَةُ نَوَاقِضٍ:

Tiedä, että asiat, jotka mitätöivät henkilön islamin ovat kymmenen.

الْأَوَّلُ : الشِّرْكُ فِي عِبَادَةِ اللهِ، قَالَ تَعَالَى:

Ensimmäinen: vertaisten asettaminen (*shirk*) Allahin rinnalle palvonnassa. Hän (Allah), Korkein, sanoi:

إِنَّ اللَّهَ لَا يَغْفِرُ أَنْ يُشْرَكَ بِهِ وَيَغْفِرُ مَا دُونَ ذَلِكَ لِمَنْ يَشَاءُ

"Totisesti, Allah ei anna anteeksi (jos henkilö ei kadu ennen kuolemaansa), että vertaisia asetetaan Hänen rinnalleen (shirk), mutta Hän antaa anteeksi kaiken muun, kenelle Hän tahtoo." (4:116)

وَقَالَ:

Ja Hän (Allah) sanoi:

إِنَّهُ مَنْ يُشْرِكْ بِاللَّهِ فَقَدْ حَرَّمَ اللَّهُ عَلَيْهِ الْجَنَّةَ وَمَأْوَاهُ النَّارُ وَمَا لِلظَّالِمِينَ مِنْ أَنْصَارٍ

"Totisesti, Allah on kieltänyt paratiisin häneltä, joka asettaa kumppaneita Allahin rinnalle ja tuli tulee olemaan hänen asuinsijansa. Väärintekijöillä ei tule olemaan auttajia." (5:72)

وَمِنْهُ الذَّبْحُ لِغَيْرِ اللهِ، كَمَنْ يَذْبَحُ لِلْجِنِّ أَوْ لِلْقَبْرِ.

Ja siihen (*shirkkiin*) kuuluu muulle kuin Allahille uhraaminen, kuten hän, joka uhraa henkiolennolle tai haudalle.

الثَّانِي: مَنْ جَعَلَ بَيْنَهُ وَبَيْنَ اللهِ وَسَائِطَ،

Toinen: Kuka ikinä asettaa välikäsiä hänen ja Allahin välille

يَدْعُوهُمْ، وَيَسْأَلُهُمُ الشَّفَاعَةَ، وَيَتَوَكَّلُ عَلَيْهِمْ؛

tehden heille (välikäsille) pyyntörukousta, pyytäen heiltä puolestapuhumista ja asettaen luottamuksensa heihin.

كَفَرَ إِجْمَاعًا.

Hän on epäuskonut (oppineiden) yksimielisyydellä.

الثَّالِثُ: مَنْ لَمْ يُكَفِّرِ المُشْرِكِينَ،

Kolmas: Henkilö, joka ei pidä polyteistejä (*mushrikuun*) epäuskovaisina,

أَوْ شَكَّ فِي كُفْرِهِمْ،

epäilee heidän epäuskoaan,

أَوْ صَحَّحَ مَذْهَبَهُمْ؛ كَفَرَ إِجْمَاعًا.

tai pitää heidän ideologiaansa oikeana. Hän on epäuskonut (oppineiden) yksimielisyydellä.

الرَّابِعُ: مَنِ اعْتَقَدَ أَنَّ غَيْرَ هَدْيِ النَّبِيِّ ﷺ أَكْمَلُ مِنْ هَدْيِهِ،

Neljäs: Kuka ikinä uskoo, että jonkun muun kuin profeetan ﷺ tuoma johdatus on täydellisempi kuin hänen (profeetan ﷺ tuoma) johdatuksensa

وَأَنَّ حُكْمَ غَيْرِهِ أَحْسَنُ مِنْ حُكْمِهِ

tai (uskoo), että muun kuin hänen (profeetan ﷺ tuoma) säädöksensä on parempi kuin hänen (profeetan ﷺ tuoma) säädös,

22

كَالذِينَ يُفَضِّلُونَ حُكْمَ الطَّوَاغِيتِ عَلَى حُكْمِهِ

kuten nuo, jotka suosivat epäjumalien[1] (*tawaaghiit*) säädöksiä hänen
(profeetan ﷺ tuoman) säädöksensä sijaan,

- فَهُوَ كَافِرٌ .

on epäuskovainen.

- الخَامِسُ : مَنْ أَبْغَضَ شَيْئًا مِمَّا جَاءَ بِهِ الرَّسُولُ ﷺ

Viides: Kuka ikinä inhoaa jotain, mitä sanansaattaja ﷺ toi,

- وَلَوْ عَمِلَ بِهِ

vaikka hän toimisi sen mukaan

- كَفَرَ إِجْمَاعًا ;

on epäuskonut (oppineiden) yksimielisyydellä.

وَالدَلِيلُ قَوْلُهُ تَعَالَى:

Ja todiste on Hänen (Allahin), Korkeimman, lausuntonsa:

ذَٰلِكَ بِأَنَّهُمْ كَرِهُوا۟ مَآ أَنزَلَ ٱللَّهُ فَأَحْبَطَ أَعْمَٰلَهُمْ

"Tuo on siksi, että he inhosivat sitä, mitä Allah lähetti alas (Koraanin ja
islamin lait jne.), joten Hän on mitätöinyt heidän tekonsa." (47:9)

---

[1] Kuten nuo, jotka säätävät islamin vastaisia lakeja.

السَّادِسُ : مَنِ اسْتَهْزَأَ بِشَيْءٍ مِنْ دِينِ اللهِ،

Kuudes: Kuka ikinä pilkkaa jotain Allahin uskonnosta,

أَوْ ثَوَابِهِ، أَوْ عِقَابِهِ،

tai sen palkkioista tai rangaistuksista,

كَفَرَ؛

on epäuskonut.

وَالدَّلِيلُ قَوْلُهُ تَعَالَى:

Ja todiste on Hänen (Allahin), Korkeimman, lausuntonsa:

قُلْ أَبِاللَّهِ وَآيَاتِهِ وَرَسُولِهِ كُنْتُمْ تَسْتَهْزِئُونَ

"Sano: 'Oliko se Allahia, Hänen merkkejään (ilmoitukset ja jakeet) ja Hänen sanansaattajiaan, joita te pilkkasitte?'

لَا تَعْتَذِرُوا قَدْ كَفَرْتُم بَعْدَ إِيمَانِكُمْ

Älkää tehkö tekosyitä. Totisesti, te olette epäuskoneet sen jälkeen, kun teillä oli uskoa." (9:65-66)

السَّابِعُ: السِّحْرُ -

Seitsemäs: Noituus (ja taikuus).

وَمِنْهُ: الصَّرْفُ وَالعَطْفُ -

Ja siihen kuuluu (mm.) ihmisen pois kääntäminen rakastetustaan tai rakastumisen aiheuttaminen.

فَمَنْ فَعَلَهُ أَوْ رَضِيَ بِهِ؛ كَفَرَ؛

Kuka ikinä tekee tätä tai on tyytyväinen siihen (että sitä tehdään), on epäuskonut.

وَالدَلِيلُ قَوْلُهُ تَعَالَى:

Ja todiste on Hänen (Allahin), Korkeimman, lausuntonsa:

وَمَا يُعَلِّمَانِ مِنْ أَحَدٍ حَتَّى يَقُولَا إِنَّمَا نَحْنُ فِتْنَةٌ فَلَا تَكْفُرْ
"Kumpikaan näistä kahdesta (enkelistä) ei opettanut kenellekään (taikuutta),
kunnes he olivat sanoneet: 'Totisesti me olemme (teille) testi, joten älkää
epäuskoko (oppimalla tätä taikuutta meiltä).'" (2:102)

الثَّامِنُ : مُظَاهَرَةُ المُشْرِكِينَ وَمُعَاوَنَتُهُمْ عَلَى المُسْلِمِينَ

Kahdeksas: Epäjumalan palvojien auttaminen (ja tukeminen) muslimeita
vastaan.

وَالدَلِيلُ قَوْلُهُ تَعَالَى:

Ja todiste on Hänen (Allahin), Korkeimman, lausuntonsa:

وَمَن يَتَوَلَّهُم مِّنكُمْ فَإِنَّهُ مِنْهُمْ
"Ja kuka ikinä ottaa heidät hänen liittolaisikseen, on totisesti yksi heistä.

إِنَّ اللَّهَ لَا يَهْدِي الْقَوْمَ الظَّالِمِينَ
Totisesti, Allah ei johdata kansaa (tai ihmisiä), jotka ovat väärintekijöitä."
(5:51)

التَّاسِعُ : مَنِ اعْتَقَدَ أَنَّ بَعْضَ النَّاسِ يَسَعُهُ الخُرُوجُ عَنْ شَرِيعَةِ مُحَمَّدٍ ﷺ

Yhdeksäs: Kuka ikinä uskoo, että joillekin ihmisille on sallittua olla Muhammadin ﷺ (tuoman) lain ulkopuolella (eli olla vapaa sen mukaan toimimisen velvollisuudesta),

كَمَا وَسِعَ الخَضِرُ الخُرُوجَ عَنْ شَرِيعَةِ مُوسَى عَلَيهِ السَّلَامُ -؛

kuten Khidhrille oli sallittua olla Mooseksen - rauhaa hänelle - lain ulkopuolella (eli olla vapaa sen mukaan toimimisen velvollisuudesta),

فَهُوَ كَافِرٌ.

niin hän on epäuskovainen.

العَاشِرُ: الإِعْرَاضُ عَنْ دِينِ اللهِ تَعَالَى لَا يَتَعَلَّمُهُ وَلَا يَعْمَلُ بِهِ؛

Kymmenes: Allahin, Korkeimman, uskonnosta kokonaan poistuminen tavalla, ettei opi sitä eikä käyttäydy sen mukaan.

وَالدَلِيلُ قَوْلُهُ تَعَالَى

Ja todiste on Hänen (Allahin), Korkeimman, lausuntonsa:

وَمَنْ أَظْلَمُ مِمَّن ذُكِّرَ بِآيَاتِ رَبِّهِ ثُمَّ أَعْرَضَ عَنْهَا

"Ja kuka tekeekään enemmän vääryyttä kuin hän, jolle muistutetaan Valtiaansa jakeista ja sitten hän kääntyy niistä pois?

إِنَّا مِنَ الْمُجْرِمِينَ مُنْتَقِمُونَ

Totisesti, rikolliset (eli epäuskovaiset, epäjumalanpalvojat ja synnin tekijät)
tulevat saamaan (tekojensa mukaisen) koston." (32:22)

وَلَا فَرْقَ فِي جَمِيعِ هَذِهِ النَّوَاقِضِ بَيْنَ الْهَازِلِ وَالْجَادِّ وَالْخَائِفِ إِلَّا الْمُكْرَهِ.

Ei ole mitään eroa, koskien näitä (islamia) mitätöiviä tekoja, onko ne tehty
vitsillä, vakavissaan tai pelossa (niin ne silti mitätöivät henkilön islamin), paitsi
jos henkilöä on pakotettu (tekemään jotain näistä hengen tai kidutuksen uhalla).

وَكُلُّهَا مِنْ أَعْظَمِ مَا يَكُونُ خَطَرًا، وَمِنْ أَكْثَرِ مَا يَكُونُ وُقُوعًا، فَيَنْبَغِي لِلْمُسْلِمِ أَنْ يَحْذَرَهَا
وَيَخَافَ مِنْهَا عَلَى نَفْسِهِ.

Kaikki nämä (kymmenen asiaa) ovat vaarallisimmista ja yleisimmistä (islamin
mitätöivistä teoista), joten muslimin tulisi olla varuillaan näistä ja pelätä niitä
itselleen.

وَصَلَّى اللهُ عَلَى نَبِيِّنَا مُحَمَّدٍ، وَعَلَى آلِهِ وَصَحْبِهِ وَسَلَّمَ.

Allah kehukoon ja lähettäköön Hän rauhaa profeettamme, Muhammadin, ja
hänen (uskovaisen) perheensä sekä hänen () seuralaistensa ylle.

وَاللهُ أَعْلَمُ.

Ja Allah tietää parhaiten.

القَوَاعِدُ الأَربَعُ

Neljä *shirkin* periaatetta

لأمام الدعوة الشيخ
محمد بن عبد الوهاب بن سليمان التميمي

li-Imam ad-da'wati ash-sheikh Muhammad bin 'Abdil-Wahhaab bin
Sulayman at-Tamiimi

(١١١٥ - ١٢٠٦هـ)
1115-1206 hj.

بِسْمِ اللهِ الرَّحْمَنِ الرَّحِيمِ

Allahin Armeliaimman, Armahtajan nimeen.

أَسْأَلُ اللهَ الْكَرِيمَ رَبَّ الْعَرْشِ الْعَظِيمِ،

Pyydän Allahilta, Kunnioitetulta, Mahtavan valtaistuimen Valtiaalta,

أَنْ يَتَوَلَّاكَ فِي الدُّنْيَا وَالآخِرَةِ،

että Hän suojelee sinua tässä maailmassa ja tuonpuoleisessa,

وَأَنْ يَجْعَلَكَ مُبَارَكًا أَيْنَمَا كُنْتَ.

ja että Hän tekee sinusta siunatun missä ikinä oletkin.

وَأَنْ يَجْعَلَكَ مِمَّنْ

Ja (pyydän), että Hän tekee sinusta (yhden) heidän joukostaan (joiden piirteet ovat seuraavanlaisia):

إِذَا أُعْطِيَ شَكَرَ،

(1) kun hänelle (palvelijalle) annetaan, hän kiittää,

وَإِذَا ابْتُلِيَ صَبَرَ،

(2) ja kun häntä testataan, hän on kärsivällinen,

وَإِذَا أَذْنَبَ اسْتَغْفَرَ؛

(3) ja kun hän tekee syntiä, hän pyytää anteeksiantoa,

فَإِنَّ هَؤُلَاءِ الثَّلَاثَ عُنْوَانُ السَّعَادَةِ.

sillä totisesti, nämä kolme ovat autuuden merkkejä.

اعْلَمْ أَرْشَدَكَ اللهُ لِطَاعَتِه -:

Tiedä - Allah johdattakoon sinut Hänen tottelevaisuuteensa -

أَنَّ الْحَنِيفِيَّةَ - مِلَّةُ إِبْرَاهِيمَ -:

että monoteismi (al-hanifiyyah), Aabrahamin (Ibrahiimin) uskonto,

أَنْ تَعْبُدَ اللهَ، وَحْدَهُ مُخْلِصًا لَهُ الدِّينَ،

on sitä, että palvot vain Allahia, vilpittömästi, asettaen uskonnon puhtaasti Hänelle.

وَبِذَلِكَ أَمَرَ اللهُ جَمِيعَ النَّاسِ،

Ja sillä Allah käski kaikkia ihmisiä

وَخَلَقَهُمْ لَهَا؛

ja loi heidät sitä varten,

كَمَا قَالَ تَعَالَى:

kuten Hän (Allah), Korkein, sanoi:

وَمَا خَلَقْتُ الْجِنَّ وَالْإِنسَ إِلَّا لِيَعْبُدُونِ

"Ja en Minä luonut henkiolentoja (jinnejä) ja ihmisiä paitsi, että he palvoisivat Minua." (51:56)

التَّوْحِيدُ وَالشِّرْكُ

Monoteismi (*at-tawhiid*) ja vertaisten asettaminen Allahin rinnalle (*as-shirk*)

فَإِذَا عَرَفْتَ أَنَّ اللهَ خَلَقَكَ لِعِبَادَتِهِ:

Joten, kun tiedät, että Allah loi sinut palvoaksesi Häntä,

فَاعْلَمْ أَنَّ الْعِبَادَةَ لَا تُسَمَّى عِبَادَةً إِلَّا مَعَ التَّوْحِيدِ،

niin tiedä, että palvontaa ei pidetä palvontana, paitsi monoteismin (tawhiidin) kanssa.

كَمَا أَنَّ الصَّلَاةَ لَا تُسَمَّى صَلَاةً إِلَّا مَعَ الطَّهَارَةِ،

Aivan kuin rukousta ei voida kutsua (hyväksyttäväksi) rukoukseksi ilman (rituaalista) puhtautta,

فَإِذَا دَخَلَ الشِّرْكُ فِي الْعِبَادَةِ فَسَدَتْ،

joten jos shirk astuu palvonnan sisälle (eli sekoittuu siihen), niin se (palvontateko) pilaantuu (tavalla, että Allah ei hyväksy sitä).

كَالْحَدَثِ إِذَا دَخَلَ فِي الطَّهَارَةِ.

Aivan kuin (rituaalisen) puhtauden rikkojat rikkovat (rituaalisen) puhtauden, kun se (epäpuhtaus tai epäpuhtauden rikkoja) astuu puhtauteen (tai puhtauden tilassa olevan muslimin puhtauden tilaan mitätöiden sen). [1]

---

[1] Rituaalisella puhtaudella tarkoitetaan islamin mukaista puhtauden tilaa, joka henkilön on saavutettava mm. ennen rukoilemista ja arabiankieliseen Koraaniin koskemista. Pienestä rituaalisesta epäpuhtaudesta rituaalinen puhtaus saavutetaan *sunnan* mukaisella rukouspesulla (*wudhu*) ja suuresta rituaalisesta epäpuhtaudesta tämä saavutetaan *sunnan* mukaisella kokovartalopesulla (*ghusul*). Pienen rituaalisen puhtauden rikkojiin kuuluu mm. vessassa tarpeiden tekeminen ja suuresta rituaalisesta epäpuhtauden tilasta on puhdistauduttava mm. yhdynnän ja kuukautisten jälkeen. Tätä aihetta käsitellään islamilaisen lainopin (*fiqh*) kirjoissa, kuten 'Islamilaisen lainopin tiivistelmä 1' -kirjassa.

أَهَمِّيَةُ مَعْرِفَةِ الشِّرْك

Shirkistä[1] tietämisen tärkeys

فَإِذَا عَرَفْتَ أَنَّ الشِّرْكَ إِذَا خَالَطَ الْعِبَادَةَ أَفْسَدَهَا،

Jos tiedät, että shirkin sekoittuessa palvontaan, se pilaa sen (palvontateon)

وَأَحْبَطَ الْعَمَلَ،

ja se (*shirk*) mitätöi teon

وَصَارَ صَاحِبُهُ، مِنَ الْخَالِدِينَ فِي النَّارِ:

ja tekijästä tulee tulen ikuisista asukkaista (jos henkilö ei kadu tätä ennen kuolemaansa),

عَرَفْتَ أَنَّ أَهَمَّ مَا عَلَيْكَ مَعْرِفَةُ ذَلِكَ؛

niin tulet ymmärtämään (myös), että sen tietäminen (ja opiskeleminen) on tärkein velvollisuutesi.

لَعَلَّ اللهَ أَنْ يُخَلِّصَكَ مِنْ هَذِهِ الشَّبَكَةِ،

Toivottavasti Allah pelastaa sinut tästä ansasta,

وَهِيَ الشِّرْكُ بِاللهِ الَّذِي قَالَ الله تَعَالَى فِيهِ:

joka on vertaisten asettaminen Allahin rinnalle, josta Allah, Korkein, sanoi:

---

[1] *Shirk* tarkoittaa vertaisten asettamista Allahin rinnalle. Siihen kuuluu myös se, että henkilö tekee jonkin teon muun kuin Allahin vuoksi.

إِنَّ اللَّهَ لَا يَغْفِرُ أَنْ يُشْرَكَ بِهِ وَيَغْفِرُ مَا دُونَ ذَلِكَ لِمَنْ يَشَاءُ

"Totisesti, Allah ei anna anteeksi (henkilölle, joka ei kadu), että vertaisia asetetaan Hänen rinnalleen, mutta Hän antaa anteeksi kaiken muun (mistä henkilö ei ymmärrä katua), kenelle Hän tahtoo." (4:48)

وَذَلِكَ بِمَعْرِفَةِ أَرْبَعِ قَوَاعِدَ ذَكَرَهَا اللهُ تَعَالَى فِي كِتَابِهِ:

Ja tämä tullaan ymmärtämään neljän periaatteen kautta, joita Allah, Korkein, on maininnut Hänen Kirjassaan.

القَاعِدَةُ الأُولَى:

Ensimmäinen (*shirkin*) periaate on,

أَنْ تَعْلَمَ أَنَّ الْكُفَّارَ الَّذِينَ قَاتَلَهُمْ رَسُولُ اللهِ ﷺ

että tiedät epäuskovaisilla, jotka Allahin sanansaattaja ﷺ taisteli (laillisissa tapauksissa ja puolustuksena),

مُقِرُّونَ بِأَنَّ اللهَ تَعَالَى هُوَ الْخَالِقُ، الرَّازِقُ، الْمُدَبِّرُ،

olleen tapana vahvistaa Allah Luojaksi, elannon Antajaksi ja Häneksi, joka kontrolloi kaikkia asioita.

وَأَنَّ ذَلِكَ لَمْ يُدْخِلْهُمْ فِي الإِسْلَامِ؛

Kuitenkin, tämä (eli näihin uskominen) ei laittanut heitä astumaan islamiin (sillä he asettivat vertaisia Allahin rinnalle palvomalla lisäksi epäjumalia).

وَالدَّلِيلُ قَوْلُهُ تَعَالَى:

Ja todiste on Hänen (Allahin), Korkeimman, lausuntonsa:

34

قُلْ مَن يَرْزُقُكُم مِّنَ السَّمَاءِ وَالْأَرْضِ

"Sano (Oi Muhammad ﷺ): 'Kuka tuottaa teille (elantoa ja siunauksia) taivaasta ja maasta?

أَمَّن يَمْلِكُ السَّمْعَ وَالْأَبْصَارَ

Kuka omistaa kuulon ja näön?

وَمَن يُخْرِجُ الْحَيَّ مِنَ الْمَيِّتِ وَيُخْرِجُ الْمَيِّتَ مِنَ الْحَيِّ

Ja kuka tuo elämän kuolleesta ja tekee elävästä kuolleen?

وَمَن يُدَبِّرُ الْأَمْرَ

Ja kuka säätää kaikkia asioita?'

فَسَيَقُولُونَ اللَّهُ

He tulevat sanomaan: 'Allah',

فَقُلْ أَفَلَا تَتَّقُونَ

joten sano: 'Ettekö te sitten suojele itseänne[1] (Allahin rangaistusta vastaan)?'"
(10:31)

---

[1] *Taqwa* tarkoittaa tietoisuutta Allahista tavalla, että henkilö ei tee mitä ikinä hän tahtoo, vaan hän pyrkii siihen, mitä hänen Luojansa on määrännyt ja välttää sitä, mitä hänen Luojansa on kieltänyt. Henkilö, jolla on *taqwaa*, muistaa Luojaansa jokaisessa tilanteessa ja miettii tekojaan peläten hänen Luojansa oikeudenmukaista rangaistusta, jonka epäoikeudenmukaiset tulevat ansaitsemaan. *Taqwa* voidaan siis kääntää tietoisuudeksi tai peloksi, jota palvelija tuntee Luojaansa kohtaan.

Umar ibn al-Khattab - Allah olkoon tyytyväinen häneen - sanoi:

مَنْ خَافَ اللهَ لَمْ يَشْفِ غَيْظَهُ وَمَنِ اتَّقَى اللهَ لَمْ يَصْنَعْ مَا يُرِيدُ

"Kuka ikinä pelkää Allahia ei purkaa vihaansa ja kuka ikinä on tietoinen Allahista ei tee

القَاعِدَةُ الثَّانِيَةُ:

Toinen (shirkin) periaate on,

أَنَّهُمْ يَقُولُونَ:

että he (epäuskovaiset) sanovat:

مَا دَعَوْنَاهُمْ وَتَوَجَّهْنَا إِلَيْهِمْ إِلا لِطَلَبِ

"Me emme pyytäneet heiltä (epäjumalilta) emmekä me kääntyneet heidän puoleensa kuin hakemaan

القُرْبَةِ وَالشَّفَاعَةِ.

läheisyyttä (Allahiin) ja sitä, että he puolesta puhuisivat meille."

فَدَلِيلُ الْقُرْبَةِ؛

Ja todiste läheisyydelle (eli kiellolle pyytää puolesta puhumista)

قَوْلُهُ تَعَالَى:

on Hänen (Allahin), Korkeimman, lausuntonsa:

---

mitä ikinä hän tahtoo."

(Al-Zuhd li-Abi Dawuud 98)

'Umar ibn Abdul-Aziz - Allah armahtakoon hänet - sanoi:

التقوى ترك ما حرَّم الله، وأداء ما افترض الله

"At-Taqwa on sen jättämistä, minkä Allah kielsi ja sen tekemistä, minkä Allah on tehnyt pakolliseksi."

(Al-Muttali' 'alaa abwaab al-muqni')

وَالَّذِينَ اتَّخَذُوا مِن دُونِهِ أَوْلِيَاءَ

"Ja nuo, jotka ottivat awlijaa' (eli suojelijoita, auttajia, luojia, epäjumalia)
Hänen (Allahin) rinnalleen (sanovat tietämättömästi):

مَا نَعْبُدُهُمْ إِلَّا لِيُقَرِّبُونَا إِلَى اللَّهِ زُلْفَى

'Me palvomme heitä vain siksi, että he veisivät meidät Allahin lähelle.'

إِنَّ اللَّهَ يَحْكُمُ بَيْنَهُمْ فِى مَا هُمْ فِيهِ يَخْتَلِفُونَ إِنَّ اللَّهَ لَا يَهْدِى مَنْ هُوَ كَاذِبٌ كَفَّارٌ

Totisesti, Allah tulee tuomitsemaan heidän välillään siihen liittyen, mistä heillä
oli tapana olla erimielisiä. Totisesti, Allah ei johdata häntä, joka on valehtelija
ja (varmasti ja jääräpäisesti) epäuskovainen." (39:3)

وَدَلِيلُ الشَّفَاعَةِ؛

Ja todiste puolesta puhumiselle (eli kiellolle pyytää sitä)

قَوْلُهُ تَعَالَى:

on Hänen (Allahin), Korkeimman, lausuntonsa:

وَيَعْبُدُونَ مِن دُونِ اللَّهِ مَا لَا يَضُرُّهُمْ وَلَا يَنفَعُهُمْ

"Ja he palvovat Allahin sijaan niitä, jotka eivät (kykene) aiheuttaa heille
haittaa, eikä hyödyttää heitä,

وَيَقُولُونَ هَؤُلَاءِ شُفَعَاؤُنَا عِندَ اللَّهِ

ja he sanovat: 'Nämä ovat meidän puolesta puhujiamme Allahin luona.'"
(10:18)

وَالشَّفَاعَةُ شَفَاعَتَانِ:

Ja puolesta puhumista on kahdenlaista:

شَفَاعَةٌ مَنْفِيَّةٌ،

1. Kielletty (ja hylätty) puolesta puhuminen (eli sen pyytäminen).

وَشَفَاعَةٌ مُثْبَتَةٌ.

2. Hyväksytty puolesta puhuminen (joka on vain sitä, mikä perustuu autenttisiin ilmoituksiin tuomiopäivänä tapahtuvista puolesta puhumisista).

فَالشَّفَاعَةُ الْمَنْفِيَّةُ:

Mitä tulee hylättyyn puolesta puhumiseen (ja sen pyytämiseen),

مَا كَانَتْ تُطْلَبُ مِنْ غَيْرِ اللهِ فِيمَا لَا يَقْدِرُ عَلَيْهِ إِلَا اللهُ؛

niin se on sitä, mitä pyydetään muulta kuin Allahilta asioista, joihin kukaan muu ei voi vaikuttaa kuin Allah.

وَالدَّلِيلُ قَوْلُهُ تَعَالَى:

Ja todiste tälle on Hänen (Allahin), Korkeimman, lausuntonsa:

يَا أَيُّهَا الَّذِينَ آمَنُوا أَنْفِقُوا مِمَّا رَزَقْنَاكُمْ مِنْ قَبْلِ أَنْ يَأْتِيَ يَوْمٌ لَا بَيْعٌ فِيهِ وَلَا خُلَّةٌ وَلَا شَفَاعَةٌ

"Oi te, jotka olette uskoneet, kuluttakaa (hurskauden tiellä) siitä, mitä Me olemme teille tarjonneet (elantona ja siunauksina), ennen kuin tulee päivä, jolloin ei tule olemaan mitään neuvottelua, ystävyyttä, eikä puolestapuhumista

وَالْكَافِرُونَ هُمُ الظَّالِمُونَ

ja epäuskovaiset - he ovat väärintekijöitä.” *(2:254)*

وَالشَّفَاعَةُ الْمُثْبَتَةُ:

Ja vahvistettu (ja hyväksytty) puolesta puhuminen

هِيَ الَّتِي تُطْلَبُ مِنَ اللهِ.

on sitä, mitä pyydetään Allahilta (eli siihen pyydetään lupaa).

وَالشَّافِعُ مُكَرَّمٌ بِالشَّفَاعَةِ.

Ja puolestapuhuja on hän, jolle myönnetään (eli Allah myöntää) kunnia
puolestapuhua (muiden puolesta Allahin luona).

وَالْمَشْفُوعُ لَهُ:

Ja hän, jonka puolesta puhutaan

مَنْ رَضِيَ اللهُ قَوْلَهُ وَعَمَلَهُ بَعْدَ الْإِذْنِ؛

on hän, jonka lausuntoihin ja tekoihin Allah on tyytyväinen (ja se tapahtuu)
sen jälkeen, kun (Allahin) lupa on myönnetty.

كَمَا قَالَ تَعَالَى:

Kuten, Hän (Allah), Korkein, sanoi:

مَنْ ذَا الَّذِي يَشْفَعُ عِنْدَهُ إِلَّا بِإِذْنِهِ

*“Kuka (muka) voi puolesta puhua (toisen puolesta) Hänen luonaan, ilman
Hänen (Allahin) lupaansa?”* *(2:255)*

القَاعِدَةُ الثَّالِثَةُ:

Kolmas (*shirkin*) periaate on,

أَنَّ النَّبِيَّ ﷺ ظَهَرَ عَلَى أُنَاسٍ مُتَفَرِّقِينَ فِي عِبَادَاتِهِمْ،

että profeetta ﷺ tuli ihmisille, jotka olivat erilaisia palvonnoissaan.

مِنْهُمْ مَنْ يَعْبُدُ الشَّمْسَ وَالْقَمَرَ،

Heidän joukossaan oli niitä, jotka palvovat aurinkoa ja kuuta,

وَمِنْهُمْ مَنْ يَعْبُدُ الْمَلَائِكَةَ،

ja heidän joukossaan oli niitä, jotka palvovat enkeleitä,

وَمِنْهُمْ مَنْ يَعْبُدُ الأَنْبِيَاءَ وَالصَّالِحِينَ،

ja heidän joukossaan oli niitä, jotka palvovat profeettoja ja hurskaita ihmisiä,

وَمِنْهُمْ مَنْ يَعْبُدُ الأَشْجَارَ وَالأَحْجَارَ،

ja heidän joukossaan oli niitä, jotka palvovat puita ja kiviä.

وَقَاتَلَهُمْ رَسُولُ اللهِ ﷺ،

Silti Allahin sanansaattaja ﷺ taisteli heitä kaikkia vastaan (laillisissa tapauksissa ja puolustuksena),

وَلَمْ يُفَرِّقْ بَيْنَهُمْ؛

eikä tehnyt erotusta kenenkään heidän välillä (jokainen teki yhtä suuren virheen asettaen vertaisia Allahin rinnalle tavalla tai toisella ja tämä teki heistä kaikista epäuskovaisia).

وَالدَّلِيلُ قَوْلُهُ تَعَالَى:

Ja todiste on Hänen (Allahin), Korkeimman, lausuntonsa:

وَقَاتِلُوهُمْ حَتَّى لَا تَكُونَ فِتْنَةٌ وَيَكُونَ الدِّينُ كُلُّهُ لِلَّهِ

"Ja taistelkaa (Muhammad ja jakeen kontekstissa olevan tilanteen
muslimit) heitä (epäuskovaisia ja polyteistejä) vastaan kunnes jäljellä
ei ole enää fitnaa (eli kunnes yhtäkään muslimia ei vainota niin, että
Hän joutuu jättää uskontonsa ja harjoittaa epäjumalan palvontaa) ja
uskonto on kokonaisuudessaan vain Allahille." [1] *(8:39)*

وَدَلِيلُ الشَّمْسِ وَالْقَمَرِ؛ قَوْلُهُ تَعَالَى:

Ja todiste auringosta ja kuusta (eli sille, että niiden palvominen on kiellettyä)
on Hänen (Allahin), Korkeimman, lausuntonsa:

وَمِنْ آيَاتِهِ اللَّيْلُ وَالنَّهَارُ وَالشَّمْسُ وَالْقَمَرُ

"Ja Hänen (Allahin) merkeistään on yö, päivä, aurinko ja kuu.

لَا تَسْجُدُوا لِلشَّمْسِ وَلَا لِلْقَمَرِ وَاسْجُدُوا لِلَّهِ الَّذِي خَلَقَهُنَّ إِنْ كُنْتُمْ إِيَّاهُ تَعْبُدُونَ}

Älkää kumartuko auringolle tai kuulle, vaan kumartukaa Allahille, joka on
luonut ne, jos te oikeasti palvotte vain Häntä (Allahia)." *(41:37)*

وَدَلِيلُ الْمَلَائِكَةِ؛ قَوْلُهُ تَعَالَى:

Ja todiste enkeleistä (eli sille, että niiden palvominen on kiellettyä) on Hänen
(Allahin), Korkeimman, lausuntonsa:

---

[1] Ibn Kathiir on raportoinut tämän jakeen selityksen Urwah bin az-Zubayrilta ja muilta.

41

وَلَا يَأْمُرَكُمْ أَنْ تَتَّخِذُوا الْمَلَائِكَةَ وَالنَّبِيِّينَ أَرْبَابًا

"Eikä hän määräisi teitä ottamaan enkeleitä tai profeettoja Valtioiksenne."
(3:80)

وَدَلِيلُ الأَنْبِيَاءِ؛ قَوْلُهُ تَعَالَى:

Ja todiste profeetoista (eli sille, että niiden palvominen on kiellettyä) on
Hänen (Allahin), Korkeimman, lausuntonsa:

وَإِذْ قَالَ اللَّهُ يَا عِيسَى ابْنَ مَرْيَمَ أَأَنْتَ قُلْتَ لِلنَّاسِ اتَّخِذُونِي وَأُمِّيَ إِلَهَيْنِ مِنْ دُونِ اللَّهِ

"Ja kun Allah tulee sanomaan: 'Oi Jeesus, Marian poika! Sanoitko sinä
ihmisille: 'Palvokaa minua (Jeesusta) ja äitiäni kahtena jumalana sen
lisäksi, että palvotte Allahia'?

قَالَ سُبْحَانَكَ مَا يَكُونُ لِي أَنْ أَقُولَ مَا لَيْسَ لِي بِحَقٍّ إِنْ كُنْتُ قُلْتُهُ فَقَدْ عَلِمْتَهُ

Hän (Jeesus) tulee sanomaan: 'Täydellinen olet Sinä (kaukana kaikista
virheistä)! Ei ollut minulta (sopivaa) sanoa (enkä sanonutkaan) jotain, mitä
minulla ei ollut oikeutta sanoa. Jos olisin sanonut sellaista, niin totisesti Sinä
olisit tiennyt siitä.

تَعْلَمُ مَا فِى نَفْسِى وَلَا أَعْلَمُ مَا فِى نَفْسِكَ إِنَّكَ أَنتَ عَلَّمُ الْغُيُوبِ

Sinä tiedät, mitä on minussa (salaisuutenani ja tietoisuuteni luomastasi), enkä
minä tiedä, mitä on Sinussa (eli mitä Olet salannut tietoosi). Totisesti, vain
Sinä olet kätketystä Tietävä.'" (5:116)

وَدَلِيلُ الصَّالِحِينَ؛ قَوْلُهُ تَعَالَى:

Ja todiste hurskaista (eli sille, että niiden palvominen on kiellettyä) on Hänen
(Allahin), Korkeimman, lausuntonsa:

أُولَٰئِكَ الَّذِينَ يَدْعُونَ يَبْتَغُونَ إِلَىٰ رَبِّهِمُ الْوَسِيلَةَ أَيُّهُمْ أَقْرَبُ

"Nuo, joita he kutsuvat Allahin sijaan, pyrkivät itse löytää tavan Valtiaansa lähelle, (pyrkien olemaan) kaikkein läheisimmistä (tehden työtä oman asemansa eteen),

وَيَرْجُونَ رَحْمَتَهُ وَيَخَافُونَ عَذَابَهُ

ja he (hurskaat) toivovat Hänen (Allahin) armoaan ja pelkäävät Hänen rangaistustaan." (17:57)

وَدَلِيلُ الْأَشْجَارِ وَالْأَحْجَارِ؛ قَوْلُهُ تَعَالَى:

Ja todiste puista ja kivistä (eli sille, että niiden palvominen on kiellettyä) on Hänen (Allahin), Korkeimman, lausuntonsa:

أَفَرَأَيْتُمُ اللَّاتَ وَالْعُزَّىٰ

"Oletteko miettineet al-Laatia ja al-'Uzzaa (epäjumalia)

وَمَنَاةَ الثَّالِثَةَ الْأُخْرَىٰ

ja sitä toista, joka on kolmas (Mannaat-niminen epäjumala)?"[1] (53:19-20)

وَحَدِيثُ أَبِي وَاقِدٍ اللَّيْثِيِّ -رَضِيَ اللهُ عَنْهُ- قَالَ:

Ja Abu Waaqid al-Laythin *hadith*, joka sanoi:

خَرَجْنَا مَعَ رَسُولِ اللهِ ﷺ إِلَى حُنَيْنٍ وَنَحْنُ حُدَثَاءُ عَهْدٍ بِكُفْرٍ،

"Me lähdimme Allahin sanansaattajan ﷺ kanssa Hunayniin ja me olimme juuri tulleet ulos epäuskosta

---

[1] Nämä olivat sen ajan kuuluisimmista epäjumalista ja tässä jakeessa Allah moittii sitä, että ihmisillä oli tapana palvoa niitä.

وَلِلْمُشْرِكِينَ سِدْرَةٌ، يَعْكُفُونَ عِنْدَهَا وَيُنَوِّطُونَ بِهَا أَسْلِحَتَهُمْ،

ja epäjumalanpalvelijoilla oli tapana omistaa *Sidra*-puu, jolle he omistautuivat ja johon he ripustivat heidän aseensa (uskoen saavansa siitä menestystä).

يُقَالُ لَهَا ذَاتُ أَنْوَاطٍ.

He kutsuivat sitä *Dhaat Anwaatiksi*,

فَمَرَرْنَا بِسِدْرَةٍ فَقُلْنَا:

joten ohittaessamme *Sidra*-puun (eli lootuspuun) sanoimme (tietämättöminä ja juuri islamiin palanneina):

يَا رَسُولَ اللهِ! اجْعَلْ لَنَا ذَاتَ أَنْوَاطٍ كَمَا لَهُمْ ذَاتُ أَنْوَاطٍ.

'Oi Allahin sanansaattaja, tee meille *Dhaat Anwaat*, aivan kuin heilläkin on *Dhaat Anwaat*.'

فَقَالَ رَسُولُ اللهِ ﷺ:

Sitten Allahin sanansaattaja ﷺ sanoi:

اللهُ أَكْبَرُ! إِنَّهَا السَّنَنُ، قُلْتُمْ وَالَّذِي نَفْسِي بِيَدِهِ،

'Allah on Suurin! Totisesti tämä on tavanomainen tapa. Kautta Hänen, jonka kädessä on minun sieluni, mitä sanoitte,

كَمَا قَالَتْ بَنُو إِسْرَائِيلَ لِمُوسَ:

on kuin se, mitä Israelin jälkeläiset sanoivat Moosekselle:

اجْعَلْ لَنَا إِلَهًا كَمَا لَهُمْ آلِهَةٌ

'Tee meille jumala, kuten heillä on jumalia.'" (7:138)

44

القَاعِدَةُ الرَّابِعَةُ:

Neljäs (*shirkin*) periaate on,

أَنَّ مُشْرِكِي زَمَانِنَا أَغْلَظُ شِرْكًا مِنَ الأَوَّلِينَ؛

että meidän aikamme epäjumalan palvojat ovat pahempia kuin edellisten
sukupolvien epäjumalan palvojat (vaikka molemmat ovat helvetissä),

لأَنَّ الأَوَّلِينَ يُشْرِكُونَ فِي الرَّخَاءِ، وَيُخْلِصُونَ فِي الشِّدَّةِ

sillä edelliset sukupolvet palvoivat epäjumalia helppoina aikoina, mutta heillä
oli tapana olla vilpittömiä (Allahia kohtaan, asettamatta ketään Hänen
vertaisekseen) vaikeina aikoina,

وَمُشْرِكُو زَمَانِنَا شِرْكُهُمْ دَائِمٌ فِي الرَّخَاءِ وَالشِّدَّةِ.

toisin kuin tänäpäivän epäjumalan palvojat, joiden epäjumalan palvonta on
jatkuvaa helppoina ja vaikeina aikoina.

وَالدَّلِيلُ قَوْلُهُ تَعَالَى:

Ja todiste on Hänen (Allahin), Korkeimman, lausuntonsa:

فَإِذَا رَكِبُوا فِي الْفُلْكِ دَعَوُا اللَّهَ مُخْلِصِينَ لَهُ الدِّينَ

*"Ja kun he nousevat laivaan, he kutsuvat Allahia, tehden uskonnon puhtaasti
vain Hänelle,*

فَلَمَّا نَجَّاهُمْ إِلَى الْبَرِّ إِذَا هُمْ يُشْرِكُونَ

mutta Hänen tuodessaan heidät turvallisesti maahan, niin he asettavat palvonnassa vertaisia (Allahin rinnalle)." (29:65)

وَاللهُ أَعْلَمُ.

Ja Allah tietää parhaiten.

الأُصُولُ الثَّلَاثَةُ وَأَدِلَّتُهَا

Kolme perusperiaatetta ja niiden todisteet

لأمام الدعوة الشيخ
محمد بن عبد الوهاب بن سليمان التميمي

li-Imam ad-da'wati ash-sheikh Muhammad bin 'Abdil-Wahhaab bin
Sulayman at-Tamiimi

(١١١٥ - ١٢٠٦هـ)

1115-1206 hj.

Kääntäjän kommentit

Tämä kirja perustuu haudan kysymyksiin, joita jokaiselta ihmiseltä tullaan kysymään. Nämä ovat:

مَنْ رَبُّكَ

1. Kuka on Valtiaasi?

مَنْ نَبِيُّكَ

2. Kuka on profeettasi?

مَا دِينُكَ

3. Mikä on uskontosi?

Al-Bara' raportoi Allahin, Kaikkivaltiaan, jakeesta:

يُثَبِّتُ اللَّهُ الَّذِينَ آمَنُوا بِالْقَوْلِ الثَّابِتِ فِي الْحَيَاةِ الدُّنْيَا وَفِي الْآخِرَةِ

"Allah tulee pitämään vahvana nuo, jotka uskoivat vahvaan sanaan (eli uskontunnustukseen) sekä tämän maailman elämässä että tuonpuoleisessa (kun haudassa kysytään kysymyksiä)." (14:27)

Hän sanoi, että profeetta ﷺ sanoi:

فِي الْقَبْرِ إِذَا قِيلَ لَهُ مَنْ رَبُّكَ وَمَا دِينُكَ وَمَنْ نَبِيُّكَ

"Kun häneltä (jokaiselta ihmiseltä) kysytään haudassa: 'Kuka on Valtiaasi, mikä on uskontosi ja kuka on profeettasi?'"

(*Sunan at-Tirmidhi* 3120, *sahih* at-Tirmidhin mukaan)

بِسْمِ اللهِ الرَّحْمَنِ الرَّحِيمِ

Allahin, Armeliaimman, Armahtajan nimeen.

اعْلَم - رَحِمَكَ اللَّهُ - أَنَّهُ يَجِبُ عَلَيْنَا تَعَلُّمُ أَرْبَعِ مَسَائِلَ:

Tiedä - Allah armahtakoon sinut - että meidän on pakollista tietää neljä asiaa:

الأُولَى: العِلْمُ، وَهُوَ مَعْرِفَةُ اللَّهِ، وَمَعْرِفَةُ نَبِيِّهِ، وَمَعْرِفَةُ دِينِ الإِسْلَامِ بِالأَدِلَّةِ.

Ensimmäinen: Tieto, joka on tietämys Allahista, tietämys Hänen profeetastaan ﷺ ja tietämys islamin uskonnosta sen todisteiden kanssa.

الثَّانِيَةُ: العَمَلُ بِهِ.

Toinen: Niiden (tietojen) mukaan toimiminen.

الثَّالِثَةُ: الدَّعْوَةُ إِلَيْهِ.

Kolmas: Siihen (tietoon) kutsuminen.

الرَّابِعَةُ: الصَّبْرُ عَلَى الأَذَى فِيهِ.

Neljäs: Kärsivällisyys kohdatessamme harmia (kutsumisen tiellä).

وَالدَّلِيلُ قَوْلُهُ تَعَالَى:

Ja todiste on Hänen (Allahin), Korkeimman, lausuntonsa:

وَالعَصْرِ

"Kautta ajan ('asr),

إِنَّ الْإِنْسَانَ لَفِي خُسْرٍ

totisesti ihmiset ovat häviöllä (ja harhassa),

إِلَّا الَّذِينَ آمَنُوا

paitsi nuo, jotka uskovat (oikeaan uskontoon ja ovat sen oikealla tiellä)

وَعَمِلُوا الصَّالِحَاتِ

ja suorittavat hurskaita tekoja (eli islamin mukaisia tekoja)

وَتَوَاصَوْا بِالْحَقِّ

ja rohkaisevat toisiaan totuuteen (eli kutsuvat siihen)

وَتَوَاصَوْا بِالصَّبْرِ

ja rohkaisevat toisiaan kärsivällisyyteen." (103:1-3)

قَالَ الشَّافِعِيُّ -رَحِمَهُ اللَّهُ تَعَالَى-:

Ash-Shaafi'i - Allah, Korkein, armahtakoon hänet - sanoi:

لَوْ مَا أَنْزَلَ اللَّهُ حُجَّةً عَلَى خَلْقِهِ إِلاَّ هَذِهِ السُّورَةَ لَكَفَتْهُم

"Jos Allah ei olisi ilmoittanut Hänen luomakunnalleen mitään muuta todistetta (menestyksen tielle löytämisestä) kuin tämän suuran, se olisi ollut tarpeeksi heille."

وَقَالَ الْبُخَارِيُّ -رَحِمَهُ اللَّهُ تَعَالَى-:

Ja al-Bukhari - Allah, Korkein, armahtakoon hänet - sanoi (kirjassaan):

51

بَابٌ: العِلمُ قَبلَ القَولِ وَالعَمَلِ،

"Kappale: Tieto tulee ennen puhetta ja tekoja."

وَالدَّلِيلُ قَولُهُ تَعَالَى:

Ja todiste on Hänen (Allahin), Korkeimman, lausuntonsa:

فَاعلَم أَنَّهُ لَا إِلَهَ إِلَّا اللَّهُ وَاستَغفِر لِذَنبِكَ

"Tiedä, ettei ole muuta palvomisen arvoista jumalaa kuin Allah ja pyydä anteeksiantoa (Luojaltasi) synneistäsi." (47:19)

فَبَدَأ بِالعِلمِ قَبلَ القَولِ وَالعَمَلِ

Hän siis mainitsi tiedon ennen puhetta ja tekoja.

اعلَم -رَحِمَكَ اَللَّهُ- أَنَّهُ يَجِبُ عَلَى كُلِّ مُسلِمٍ وَمُسلِمَةٍ تَعَلُّمُ ثَلَاثِ هَذِهِ المَسَائِلِ وَالعَمَلُ بِهِنَّ:

Tiedä - Allah armahtakoon sinut - että jokaiselle muslimimiehelle ja musliminaiselle on pakollista tietää ja toimia kolmen asian (ymmärtämisen) mukaisesti:

الأُولَى: أَنَّ اللَّهَ خَلَقَنَا، وَرَزَقَنَا، وَلَم يَترُكنَا هَمَلًا، بَل أرسَلَ إِلَينَا رَسُولًا،

Ensimmäinen: Allah loi meidät ja Hän ylläpitää meitä (tarjoaa ja elättää ja pitää meitä elossa ja terveinä), eikä Hän luonut meitä ilman tarkoitusta (oleskelemaan ilman kieltoja ja käskyjä), vaan Hän on lähettänyt meille sanansaattajan.

فَمَن أَطَاعَهُ دَخَلَ الجَنَّةَ، وَمَن عَصَاهُ دَخَلَ النَّارَ.

Joten kuka ikinä tottelee häntä (Muhammadia, Allahin sanansaattajaa ﷺ - ks. Koraanista mm. 59:7, 4:59, 4:80, 7:157, 3:31), tulee astumaan paratiisiin, ja kuka ikinä on tottelematon hänelle (ja epäuskoo), tulee astumaan helvettiin.

وَالدَّلِيلُ قَوْلُهُ تَعَالَى:

Ja todiste on Hänen (Allahin), Korkeimman, lausuntonsa:

﴿إِنَّا أَرْسَلْنَا إِلَيْكُمْ رَسُولًا شَاهِدًا عَلَيْكُمْ كَمَا أَرْسَلْنَا إِلَى فِرْعَوْنَ رَسُولًا﴾

"Totisesti, Me olemme lähettäneet teille sanansaattajan todistajaksi, aivan kuin Me lähetimme Faaraolle sanansaattajan,

﴿فَعَصَى فِرْعَوْنُ الرَّسُولَ فَأَخَذْنَاهُ أَخْذًا وَبِيلًا﴾

mutta Faarao kielsi (ja hylkäsi) sanansaattajan, joten Me tartuimme häneen ankaralla rangaistuksella." (73:15-16)

الثَّانِيَةُ: أَنَّ اللَّهَ لَا يَرْضَى أَنْ يُشْرَكَ مَعَهُ أَحَدٌ فِي عِبَادَتِهِ، لَا مَلَكٌ مُقَرَّبٌ، وَلَا نَبِيٌّ مُرْسَلٌ؛

Toinen: Allah ei ole tyytyväinen siihen, että ketään liitetään Hänen rinnalleen kumppaniksi palvonnassa. Ei enkeliä, joka on (Allahin) lähellä, eikä ketään profeettaa, joka lähetettiin sanansaattajana.

وَالدَّلِيلُ قَوْلُهُ تَعَالَى:

Ja todiste on Hänen (Allahin), Korkeimman, lausuntonsa:

﴿وَأَنَّ الْمَسَاجِدَ لِلَّهِ فَلَا تَدْعُوا مَعَ اللَّهِ أَحَدًا﴾

"Ja totisesti, palvonnan paikat ovat vain Allahille, joten älkää kutsuko ketään (tai mitään) asettaen häntä (tai sitä) Allahin vertaiseksi." (72:18)

الثَّالِثَةُ: أَنَّ مَنْ أَطَاعَ الرَّسُولَ وَوَحَّدَ اللَّهَ، لَا يَجُوزُ لَهُ مُوَالَاةُ مَنْ حَادَّ اللَّهَ وَرَسُولَهُ، وَلَوْ كَانَ أَقْرَبَ قَرِيبٍ.

Kolmas: Totisesti, kuka ikinä on tottelevainen sanansaattajalle ja palvoo Allahia monoteismilla, ei tule omata (syvää) rakkautta ja liittolaisuutta niiden kanssa, jotka vastustavat Allahia ja Hänen sanansaattajaansa, vaikka he olisivat hänen (eli uskovaisen) läheisimpää sukuaan.

وَالدَّلِيلُ قَوْلُهُ تَعَالَى:

Ja todiste on Hänen (Allahin), Korkeimman, lausuntonsa:

﴿لَا تَجِدُ قَوْمًا يُؤْمِنُونَ بِاللَّه وَالْيَومِ الآخِرِ يُوَادُّونَ مَن حَادَّ اللَّهَ وَرَسُولَهُ وَلَو كَانُوا آبَاءهُم أَو أَبْنَاءهُمْ أَو إِخْوَانَهُم أَو عَشِيرَتَهُم

"Et tule löytämään ihmisiä, jotka uskovat Allahiin ja viimeiseen päivään, rakastaen (syvästi) niitä, jotka vastustavat Allahia ja Hänen sanansaattajaansa, vaikka he olisivat heidän isiään, poikiaan, veljiään tai sukulaisiaan.

أُولَئِكَ كَتَبَ فِي قُلُوبِهِمُ الإِيمَانَ وَأَيَّدَهُم بِرُوحٍ مِّنهُ وَيُدخِلُهُم جَنَّاتٍ تَجري مِن تَحتِهَا الأَنهَارُ خَالِدِينَ فِيهَا

Allah on kirjoittanut (aidon) uskon heidän sydämiinsä (jotka eivät rakasta syvällisesti epäuskovaisia) ja vahvistanut heitä johdatuksella, joka on Häneltä. Ja Hän tulee päästämään heidät paratiisin puutarhoihin, joiden puiden alla purot virtaavat ja he tulevat asumaan siellä ikuisesti.

رَضِيَ اللَّهُ عَنْهُمْ وَرَضُوا عَنْهُ أُولَئِكَ حِزْبُ اللَّهِ أَلَا إِنَّ حِزْبَ اللَّهِ هُمُ الْمُفْلِحُونَ﴾

Allah on tyytyväinen heihin ja He ovat tyytyväisiä Allahiin. He ovat Allahin ryhmä. Totisesti, Allahin ryhmä on menestynyt." (58:22) [1]

اعلَم -أرشَدَكَ اللَّهُ لِطَاعَتِهِ-: أَنَّ الحَنِيفِيَّةَ - مِلَّةَ إِبْرَاهِيمَ -:

Tiedä - Allah johdattakoon sinua Hänen tottelevaisuuteensa - että usko yhteen Jumalaan (*al-hanifiyyah*) on Aabrahamin (Ibrahimin) uskonto.

---

[1] Käännöksen sanavalinta, joka tuo esille jakeen merkitystä perustuu As-Si'din ja ibn Kathiirin tafsiireihin. Ibn Abbas myös mainitsee johdatuksen olevan Allahin apu. Toisten raportoitujen mielipiteiden mukaan se voi myös tarkoittaa uskoa, Koraania, armoa tai enkeli Jibriilia. Ibn al-Jawzin tafsiiriin on kirjattu nuo vaihtoehdot, jotka on myös raportoitu varhaisajan muslimien ymmärryksestä.

أَنْ تَعْبُدَ اللَّهَ وَحْدَهُ مُخْلِصًا لَهُ الدِّينَ،

Se on sitä, että palvot vain Allahia vilpittömästi asettaen uskonnon Hänelle.

وَبِذَلِكَ أَمَرَ اللَّهُ جَمِيعَ النَّاسِ وَخَلَقَهُم لَهَا؛

Ja tällä (monoteismilla) Allah käski kaikkia ihmisiä ja Hän loi heidät tätä varten.

كَمَا قَالَ تَعَالَى:

Kuten Hän (Allah), Korkein, sanoi:

﴿وَمَا خَلَقْتُ الْجِنَّ وَالْإِنسَ إِلَّا لِيَعْبُدُونِ﴾،

"Enkä luonut henkiolentoja ja ihmisiä (muuhun tarkoitukseen) paitsi, että he palvoisivat Minua." (51:56)

وَمَعْنَى ((يَعْبُدُونِ)) يُوَحِّدُونِ.

Ja "palvovat Minua" tarkoittaa, että he kohdistavat palvontansa ainoastaan Minulle (eli eivät aseta ketään tai mitään Allahin vertaiseksi).

وَأَعْظَمُ مَا أَمَرَ اللَّهُ بِهِ: التَّوْحِيدُ، وَهُوَ: إِفْرَادُ اللَّهِ بِالعِبَادَة.

Ja mahtavin asia, johon Allah on määrännyt, on monoteismi (*tawhiid*) ja se on Allahin ykseyden toteuttamista palvonnalla.

وَأَعْظَمُ مَا نَهَى عَنْهُ: الشِّركُ، وَهُوَ: دَعْوَةُ غَيرِهِ مَعَهُ،

Ja vakavin asia, jonka Hän kielsi on Hänen rinnalleen vertaisten asettamisen (*shirkin*), ja se (*shirk*) on (myös) vertaisten asettamista kutsumisessa.

وَالدَّلِيلُ قَوْلُهُ تَعَالَى:

Ja todiste on Hänen (Allahin), Korkeimman, lausuntonsa:

﴾وَاعْبُدُوا اللَّهَ وَلَا تُشْرِكُوا بِهِ شَيْئًا﴿

"Palvokaa Allahia yksin ja älkää asettako vertaisia Hänen rinnalleen."
(4:36)

فَإِذَا قِيلَ لَكَ: مَا الْأُصُولُ الثَّلَاثَةُ الَّتِي يَجِبُ عَلَى الْإِنْسَانِ مَعْرِفَتُهَا؟

Joten, jos sinulle sanotaan: "Mitkä ovat kolme periaatetta, jotka jokaisen
ihmisen tulee tietää?",

فَقُلْ:

niin sano:

مَعْرِفَةُ الْعَبْدِ رَبَّهُ،

"Palvelijan tieto hänen Valtiastaan

وَدِينَهُ،

ja hänen uskonnostaan

وَنَبِيَّهُ مُحَمَّدًا ﷺ

ja hänen profeetastaan - Muhammadista ﷺ."

فَإِذَا قِيلَ لَكَ: مَن رَبُّكَ؟

Joten (**ensimmäinen perusperiaate**), kun sinulle sanotaan: "Kuka on
Valtiaasi?",

56

فَقُلْ: رَبِّيَ اللَّهُ الَّذِي رَبَّانِي، وَرَبَّى جَمِيعَ العَالَمِينَ بِنِعْمَتِهِ، وَهُوَ مَعْبُودِي لَيْسَ لِي مَعْبُودٌ سِوَاهُ؛

niin sano: "Valtiaani on Allah, joka hoivaa (on luonut, ravitsee, ylläpitää ja kontrolloi) minua ja koko luomakuntaa Hänen siunauksillaan. Se on Hän, jota palvon, enkä palvo muuta kuin Häntä."

وَالدَّلِيلُ قَوْلُهُ تَعَالَى:

Ja todiste on Hänen (Allahin), Korkeimman, lausuntonsa:

﴿الحَمدُ لِلَّهِ رَبِّ العَالَمِينَ﴾

"Kaikki ylistys ja kiitokset kuuluvat Allahille, maailmojen Valtiaalle." (1:2)

وَكُلُّ مَن سِوَى اللَّهِ عَالَمٌ، وَأَنَا وَاحِدٌ مِن ذَلِكَ العَالَمِ.

Ja kaikki paitsi Allah on osa luomakuntaa ja minä olen yksi luomakunnasta.

فَإِذَا قِيلَ لَكَ: بِمَ عَرَفْتَ رَبَّكَ؟

Joten, kun sinulle sanotaan: "Miten sait tietää Valtiaastasi?",

فَقُلْ: بِآيَاتِهِ وَمَخْلُوقَاتِهِ.

niin sano: "Hänen merkkiensä ja luomansa kautta."

وَمِن آيَاتِهِ: اللَّيْلُ، وَالنَّهَارُ، وَالشَّمْسُ، وَالقَمَرُ.

Ja Hänen merkeistään on yö ja päivä sekä aurinko ja kuu.

وَمِن مَخْلُوقَاتِهِ: السَّمَوَاتُ السَّبْعُ وَمَن فِيهِنَّ، وَالأَرَضُونَ السَّبْعُ وَمَن فِيهِنَّ، وَمَا بَيْنَهُمَا.

Ja Hänen luoduistaan ovat seitsemän taivasta sekä seitsemän maata, ja kaikki (mitä on) niiden sisällä ja niiden välissä."

57

وَالدَّلِيلُ قَوْلُهُ تَعَالَى:

Ja todiste on Hänen (Allahin), Korkeimman, lausuntonsa:

﴿وَمِن آيَاتِهِ اللَّيْلُ وَالنَّهَارُ وَالشَّمْسُ وَالقَمَرُ

"Ja Hänen merkeistään on yö ja päivä sekä aurinko ja kuu.

لَا تَسْجُدُوا لِلشَّمْسِ وَلَا لِلْقَمَرِ

Älkää kumartuko auringolle tai kuulle,

وَاسْجُدُوا لِلَّهِ الَّذِي خَلَقَهُنَّ إِن كُنتُم إِيَّاهُ تَعْبُدُونَ﴾

vaan kumartukaa Allahille, joka on luonut ne, jos te (aidosti) palvotte vain Häntä." (41:37)

وَقَوْلُهُ تَعَالَى:

Ja Hänen (Allahin), Korkeimman, lausuntonsa:

﴿إِنَّ رَبَّكُمُ اللّهُ الَّذِي خَلَقَ السَّمَاوَاتِ وَالأَرْضَ فِي سِتَّةِ أَيَّامٍ ثُمَّ اسْتَوَى عَلَى العَرْشِ

"Totisesti, teidän Valtiaanne on Allah, joka loi taivaat ja maan kuudessa ajanjaksossa, sitten nousi valtaistuimen yläpuolelle.

يُغْشِي اللَّيْلَ النَّهَارَ يَطْلُبُهُ حَثِيثاً وَالشَّمْسَ وَالقَمَرَ وَالنُّجُومَ مُسَخَّرَاتٍ بِأَمْرِهِ

Hän aiheuttaa yön peittämään päivän, jota se seuraa viiveettä. Aurinko, kuu ja tähdet ovat kaikki alistuneita Hänen käskyynsä.

أَلَا لَهُ الخَلْقُ وَالأَمْرُ تَبَارَكَ اللّهُ رَبُّ العَالَمِينَ﴾

Totisesti, luominen ja käskeminen (lakien määrääminen) kuuluvat vain Hänelle. Ylistetty on Hän, (koko) luomakunnan Valtias." (7:54)

وَالرَّبُّ هُوَ: المَعْبُودُ؛

Ja Valtias on Hän, jota palvotaan.

وَالدَّليلُ قَوْلُهُ تَعَالَى:

Ja todiste on Hänen (Allahin), Korkeimman, lausuntonsa:

﴿يَا أَيُّهَا النَّاسُ

"Oi ihmiskunta,

اعْبُدُوا رَبَّكُمُ الَّذِي خَلَقَكُمْ وَالَّذِينَ مِن قَبْلِكُمْ لَعَلَّكُمْ تَتَّقُونَ﴾

palvokaa teidän Valtiastanne, joka loi teidät ja nuo, jotka olivat ennen teitä,
jotta teistä tulisi hurskaita[1].

﴿الَّذِي جَعَلَ لَكُمُ الأَرْضَ فِرَاشًا وَالسَّمَاءَ بِنَاءً

Häntä, joka on tehnyt maan (laajaksi) lepopaikaksi teille ja taivaan sen
kanneksi.

وَأَنزَلَ مِنَ السَّمَاءِ مَاءً فَأَخْرَجَ بِهِ مِنَ الثَّمَرَاتِ رِزْقًا لَكُمْ

Ja (Hän on) lähettänyt taivaasta vettä, ja tuonut ulos sen kautta (maasta)
hedelmiä ravinnoksi teitä varten.

فَلاَ تَجْعَلُوا لِلَّهِ أَندَادًا وَأَنتُمْ تَعْلَمُونَ﴾

Joten älkää asettako Allahille rinnakkaisia tietäessänne (että vain
Luojanne, Joka ravitsee teitä, ansaitsee tulla palvotuksi)." (2:21-22)

قَالَ ابْنُ كَثِيرٍ -رَحِمَهُ اللَّهُ تَعَالَى-:

Ibn Katheer - Allah, Korkein, armahtakoon hänet - sanoi:

---

[1] Eli niitä, joilla on *taqwaa*. Ks. sivun 35 alaviite.

59

((الْخَالِقُ لِهَذِهِ الأَشِيَاءِ هُوَ الْمُسْتَحِقُّ لِلعِبَادَةِ))

"Hän, joka loi nämä asiat, on palvomisen arvoinen."

وَأَنوَاعُ العِبَادَةِ الَّتِي أَمَرَ اللَّهُ بِهَا

Palvonnan tyypit, joita Allah on käskenyt

-مِثْلُ:

ovat esimerkiksi:

الإِسلَامِ، وَالإِيمَانِ، وَالإِحسَانِ؛

al-islaam (islam), *al-iimaan* (usko) ja *al-ihsaan* (erinomaisuus).

وَمِنهَا:

Ja niihin sisältyy:

الدُّعَاءُ،

(1) pyyntörukous (*ad-du'aa'*),

وَالخَوفُ،

(2) ja (Valtiuuden) pelkäminen (*al-khawf*),

وَالرَّجَاءُ،

(3) ja toivo (tyytyväisyyttä ja palkkiota kohtaan) (*ar-rajaa'*),

وَالتَّوَكُّلُ،

(4) ja luottamuksen asettaminen (*at-tawakkul*),

وَالرَّغْبَةُ،

(5) ja rakkauden ja kaipuun ansiosta tuleva halu saavuttaa tyytyväisyyttä (*ar-raghbah*),

وَالرَّهْبَةُ،

(6) ja tyytyväisyyden saavuttamisen pelko hurskaiden tekojen aikana (*ar-rahbah*),

وَالْخُشُوعُ،

(7) ja nöyryydestä johtuva pelko (*al-khushuu'*),

وَالْخَشْيَةُ،

(8) ja kunnioituksesta johtuva pelko (*al-khashyah*),

وَالْإِنَابَةُ،

(9) ja katumukseen kääntyminen (*al-inaabah*),

وَالِاسْتِعَانَةُ،

(10) ja tuen pyytäminen (*al-isti'aanah*),

وَالِاسْتِعَاذَةُ،

(11) ja turvan pyytäminen (*al-isti'aadhah*),

وَالِاسْتِغَاثَةُ،

(12) ja avun pyytäminen koettelemuksen aikana (*al-istighaathah*),

وَالذَّبْحُ،

(13) ja uhrauksen tarjoaminen (ad-dhabh),

وَالنَّذْرُ،

(14) ja valan tekeminen (an-nadhr [1]).

وَغَيْرُ ذَلِكَ مِن أَنْوَاعِ العِبَادَةِ الَّتِي أَمَرَ اللَّهُ بِهَا: كُلُّهَا لِلَّهِ تَعَالَى؛

Ja kaikki muut palvonnan muodot, joita Allah on määrännyt. Kaikki nämä ovat vain Allahille, Korkeimmalle (eli ne tulee tehdä vain Allahille ja tavoitellen palkkiota vain Häneltä).

وَالدَّلِيلُ قَوْلُهُ تَعَالَى:

Ja todiste on Hänen (Allahin), Korkeimman, lausuntonsa:

وَأَنَّ المَسَاجِدَ لِلَّهِ فَلَا تَدْعُوا مَعَ اللَّهِ أَحَدًا

"Ja rukouspaikat (al-masaajid) ovat vain Allahille, joten älkää kutsuko ketään muuta Allahin lisäksi." (72:18)

---

[1] Tähän kuuluu esim. Allahille valan tekeminen olla tietyssä asiassa tottelevainen Allahia kohtaan. Tällaiset valat on pakollista täyttää, kuten Allah sanoi:

يُوفُونَ بِالنَّذْرِ

"He (ovat niitä, jotka) täyttävät valansa." (76:7)

Valan tekemisen kanssa on kuitenkin hyvä olla varovainen, jos riskinä henkilö ei pystykään täyttää valaansa. Tätä aihetta käsitellään enemmän muissa kirjoissa, kuten *Kitaab at-tawhiidissa* (Monoteismin kirjassa), joka on tämän kirjasarjan seuraavassa osassa. Profeetta ﷺ sanoi:

مَنْ نَذَرَ أَنْ يُطِيعَ اللَّهَ فَلْيُطِعْهُ وَمَنْ نَذَرَ أَنْ يَعْصِيَهُ فَلَا يَعْصِهِ.

"Kuka ikinä vannoo, että hän tulee olemaan tottelevainen Allahille, niin olkoon hän tottelevainen Hänelle. Ja kuka ikinä vannoo olla tottelematon Allahille, niin hänen ei tule olla tottelematon Hänelle."

(*Sahih al-Bukhari* 6700)

فَمَن صَرَفَ مِنهَا شَيئًا لِغَيرِ اللَّهِ فَهُوَ مُشرِكٌ كَافِرٌ

Joten kuka ikinä osoittaa jonkun näistä palvonnan muodoista muulle kuin
Allahilla on polyteisti epäuskovainen.

وَالدَّليلُ قَولُهُ تَعَالَى:

(1) Ja todiste (pyyntörukoukselle) on Hänen (Allahin), Korkeimman,
lausuntonsa:

وَمَن يَدعُ مَعَ اللَّهِ إِلَهًا آخَرَ لَا بُرهَانَ لَهُ بِهِ فَإِنَّمَا حِسَابُهُ عِندَ رَبِّهِ إِنَّهُ لَا يُفلِحُ الكَافِرُونَ

*"Kuka ikinä pyytää Allahin lisäksi muuta jumalaa, ei omista mitään
todistetta sille (että joku muu olisi kutsumisen tai palvomisen arvoinen).
Hänen tuomionsa tulee olemaan hänen Valtiaansa luona. Totisesti,
epäuskovat eivät tule koskaan olemaan menestyneitä."* (23:117)

وَفِي الحَدِيثِ:

Ja perimätiedossa (*hadithissa*):

«الدُّعَاءُ مُخُّ العِبَادَةِ»

"Pyyntörukous (*ad-duaa'*) on palvonnan ydin." [1]

وَالدَّليلُ قَولُهُ تَعَالَى:

Ja todiste on Hänen (Allahin), Korkeimman, lausuntonsa:

---

[1] Tämä *hadith* on heikko ibn Utheymiinin, al-Albaanin ja valtaosan oppineiden mukaan,
mutta sen autenttinen versio on:

الدُّعَاءُ هُوَ العِبَادَةُ

"Pyyntörukous on palvontaa."

(*Sunan Abi Dawud* 1479, *sahih* al-Albaanin mukaan)

Hadiithin merkitys on siis oikea, vaikka kirjailijan käyttämä versio on heikko.

﴿وَقَالَ رَبُّكُمُ ادْعُونِي أَسْتَجِبْ لَكُمْ إِنَّ الَّذِينَ يَسْتَكْبِرُونَ عَنْ عِبَادَتِي سَيَدْخُلُونَ جَهَنَّمَ دَاخِرِينَ﴾

"Teidän Valtiaanne sanoi: 'Kutsukaa Minua ja Minä vastaan teille. Totisesti, nuo, jotka ovat liian ylpeitä palvomaan Minua, tulevat astumaan helvettiin häpeällisesti." (40:60)

وَدَلِيلُ الْخَوفِ؛ قَوْلُهُ تَعَالَى:

(2) Ja todiste (Valtiuuden) pelkämiselle (*al-khawf*) on Hänen (Allahin), Korkeimman, lausuntonsa:

﴿فَلَا تَخَافُوهُمْ وَخَافُونِ إِن كُنتُم مُّؤْمِنِينَ﴾

"Joten älkää pelätkö heitä, vaan pelätkää Minua, jos te olette (aitoja) uskovaisia." (3:175)

وَدَلِيلُ الرَّجَاءِ؛ قَوْلُهُ تَعَالَى:

(3) Ja todiste toivolle (*ar-rajaa'*) on Hänen (Allahin), Korkeimman, lausuntonsa:

﴿فَمَن كَانَ يَرْجُو لِقَاءَ رَبِّهِ فَلْيَعْمَلْ عَمَلًا صَالِحًا وَلَا يُشْرِكْ بِعِبَادَةِ رَبِّهِ أَحَدًا﴾

"Kuka ikinä toivoo hänen Valtiaansa tapaamista, tehköön hän hurskaita tekoja ja olkoon hän asettamatta palvonnassa mitään (tai ketään) hänen Valtiaansa (eli Allahin) rinnalle." (18:118)

وَدَلِيلُ التَّوَكُّلِ؛ قَوْلُهُ تَعَالَى:

(4) Ja todiste luottamuksen asettamiselle (*at-tawakkul*) on Hänen (Allahin), Korkeimman, lausuntonsa:

وَدَلِيلُ الِاستِعَاذَةِ؛

(11) Ja todiste turvan pyytämiselle (*al-isti'aadhah*) on

قَولُهُ تَعَالَى:

Hänen (Allahin), Korkeimman, lausuntonsa:

﴿قُل أَعُوذُ بِرَبِّ الفَلَقِ﴾،

"Sano: 'Pyydän turvaa aamunkoiton Valtiaalta.'" (113:1)

وَ ﴿قُل أَعُوذُ بِرَبِّ النَّاسِ﴾

ja *"Sano: 'Pyydän turvaa ihmiskunnan Valtiaalta.'" (114:1)*

وَدَلِيلُ الِاستِغَاثَةِ؛ قَولُهُ تَعَالَى:

(12) Ja todiste avun pyytämiselle koettelemuksen aikana (*al-istighaathah*) on
Hänen (Allahin), Korkeimman, lausuntonsa:

---

heiltä asioita, jota vain Allah kontrolloi, kuten menestystä. Avun pyytäminen on sallittua
niin kauan kuin henkilö, jolta pyydetään on elossa, paikalla oleva ja kykenevä kuulemaan
viestisi ja mahdollisesti kykeneväinen auttamaan asiassa. Saudi-Arabian *fatwa*-komitean
oppineet sanoivat aiheesta:

الاستعانة بالحي الحاضر القادر فيما يقدر عليه جائزة
"Avun pyytäminen on sallittua elävältä, paikalla olevalta (häneltä, joka saa viestisi) ja
kykenevältä henkilöltä niissä asioissa, joissa hänellä (kysytyltä) on kykyä (tai mahdollisuutta
auttaa)."

(*Kitaabu fataawa al-lagnati-d-aaaimah, fatwa 4162*)

$$﴾إِذْ تَسْتَغِيثُونَ رَبَّكُمْ فَاسْتَجَابَ لَكُمْ﴿$$

"Kun pyysitte apua (ja vapautusta koettelemuksesta) Valtiaaltanne ja Hän vastasi teille."(8:9)

$$وَدَلِيلُ الذَّبْحِ؛ قَوْلُهُ تَعَالَى:$$

(13) Ja todiste uhraamiselle (*ad-dhabh*) on Hänen (Allahin), Korkeimman, lausuntonsa:

$$﴾قُلْ إِنَّ صَلَاتِي وَنُسُكِي وَمَحْيَايَ وَمَمَاتِي لِلَّهِ رَبِّ العَالَمِينَ ۝ لَا شَرِيكَ لَهُ﴿،$$

"Sano: 'Totisesti minun rukoukseni, uhraukseni, elämäni ja kuolemani ovat puhtaasti vain Allahille, luomakunnan Valtiaalle. Hänellä (Allahilla) ei ole vertaista.'"(6:162-163)

$$وَمِنَ السُّنَّةِ قَوْلُهُ ﷺ:$$

Ja (todiste) *sunnasta* on hänen (profeetan ﷺ) lausuntonsa:

$$«لَعَنَ اللَّهُ مَن ذَبَحَ لِغَيْرِ اللهِ»$$

'Allah on kironnut hänet, joka teurastaa muulle kuin Allahillle."

$$وَدَلِيلُ النَّذْرِ؛ قَوْلُهُ تَعَالَى:$$

(14) Ja todiste vannomiselle (*an-nadhr*) on Hänen (Allahin), Korkeimman, lausuntonsa:

﴿يُوفُونَ بِالنَّذرِ وَيَخَافُونَ يَوماً كَانَ شَرُّهُ مُستَطِيراً﴾

"He täyttävät heidän valansa ja pelkäävät päivää, jonka pahuus on laajalle levinnyttä." (76:7)

الأَصلُ الثَّانِي

Toinen perusperiaate on

مَعرِفَةُ دِينِ الإِسلامِ بِالأَدِلَّةِ،

tietämys islamin uskonnosta todisteineen,

وَهُوَ الاِستِسلامُ لِلَّهِ بِالتَّوحِيدِ،

ja se (islam) on Allahille antautumista monoteismilla (*tawhiidilla*),

وَالاِنقِيَادُ لَهُ بِالطَّاعَةِ، وَالبَرَاءَةُ وَالخُلُوصُ مِنَ الشِّركِ وَأهلِهِ.

Hänen tottelevaisuuteensa omistautumista ja itsensä liittämättömyyttä ja erottamista vertaisten asettamisesta (*shirkistä*) ja sen ihmisistä.

وَهُوَ ثَلَاثُ مَرَاتِبَ:

Ja sitä (islamin uskontoa) on kolmea tasoa:

الإِسلَامُ، وَالإِيمَانُ، وَالإِحسَانُ

al-islaam, al-iimaan ja *al-ihsaan*

69

وَكُلُّ مَرْتَبَةٍ لَهَا أَرْكَانٌ.

ja jokaisella tasolla on sen pilarinsa.

فَأَرْكَانُ الإِسلامِ خَمسَةٌ:

Islamin pilareita on viisi:

شَهَادَةِ أَن لاَ إِلَهَ إِلَّا اللَّهُ وَأَنَّ مُحَمَّدًا رَسُولُ اللَّهِ،

1. Uskontunnustus: ettei ole muuta palvomisen arvoista jumalaa kuin Allah, ja Muhammad on Allahin sanansaattaja.

وَإِقَامِ الصَّلَاةِ،

2. Rukouksen suorittaminen (viidesti päivässä).

وَإِيتَاءِ الزَّكَاةِ،

3. Almuveron (*zakat ul-maalin*, eli omaisuuden almuveron) antaminen.

وَصَومِ رَمَضَانَ،

4. *Ramadanin* (kuukauden) paastoaminen.

وَحَجِّ البَيتِ اللَّهِ الحَرَامِ.

5. Pyhiinvaellus Allahin pyhään taloon (eli Kaabaan).

فَدَلِيلُ الشَّهَادَةِ؛ قَوْلُهُ تَعَالَى

Todiste uskontunnustukselle on Hänen (Allahin), Korkeimman, lausuntonsa:

﴿شَهِدَ اللَّهُ أَنَّهُ لَا إِلَهَ إِلَّا هُوَ وَالْمَلَائِكَةُ وَأُولُوا العِلمِ قَائِمًا بِالقِسطِ

"Allah todistaa ettei ole muuta palvomisen arvoista kuin Hän ja (niin tekevät myös) enkelit ja tiedon ihmiset. Hän ylläpitää (Hänen luomakuntaansa) oikeudenmukaisuudella.

لَا إِلَهَ إِلَّا هُوَ العَزِيزُ الحَكِيمُ﴾

Ei ole muuta jumalaa (palvomisen arvoista) kuin Hän, Kaikkivaltias, Viisain." (3:18)

وَمَعْنَاهَا: لَا مَعْبُودَ بِحَقٍّ إِلَّا اللهُ

Ja sen merkitys: kellään (eikä millään) ei ole oikeutta olla palvottu kuin Allahilla (ks. 22:62).

((لَا إِلَهَ)) نَافِيًا جَمِيعَ مَا يُعبَدُ مِن دُونِ اللهِ

"Lää iläähä" (lausutaan) kieltäen jokaisen muun oikeuden tulla palvotuksi paitsi Allahin.

((إِلَّا اللَّهُ)) مُثبِتًا العِبَادَةَ لِلَّهِ وَحدَهُ

"Ill-Allaah" (lausutaan) vahvistaen, että palvonta on yksinomaan Allahille.

71

لَا شَرِيكَ لَهُ فِي عِبَادَتِهِ، كَمَا أَنَّهُ لَا شَرِيكَ لَهُ فِي مُلْكِه

Hänellä ei ole vertaista palvonnassa (jonka kohteena vain Hän ansaitsee olla), aivan kuin Hänellä ei ole vertaista Hänen Valtakunnassaan (eli sen Ylläpitäjänä ja Luojana).

وَتَفْسِيرُهَا الَّذِي يُوَضِّحُهَا؛ قَوْلُهُ تَعَالَى:

Ja selitys, joka tekee sen selkeäksi on Hänen (Allahin), Korkeimman, lausuntonsa:

﴿وَإِذ قَالَ إِبرَاهِيمُ لِأَبِيهِ وَقَومِهِ

"Ja kun Aabraham (Ibrahim) sanoi hänen isälleen ja hänen kansalleen:

إِنَّنِي بَرَاءٌ مِمَّا تَعبُدُونَ ◯ إِلَّا الَّذِي فَطَرَنِي﴾،

'Totisesti, minä olen vapaa niistä, joita te palvotte paitsi Hänestä, joka loi minut.'"(43:26)

وَقَوْلُهُ تَعَالَى:

Ja Hänen (Allahin), Korkeimman, lausuntonsa:

﴿قُل يَا أَهلَ الكِتَابِ تَعَالَوا إِلَى كَلِمَةٍ سَوَاءٍ بَينَنَا وَبَينَكُم أَلَّا نَعبُدَ إِلَّا اللَّهَ وَلَا نُشرِكَ بِهِ شَيئًا وَلَا يَتَّخِذَ بَعضُنَا بَعضًا أَربَابًا مِن دُونِ اللَّهِ

"Sano: 'Oi kirjan ihmiset, tulkaa oikeudenmukaisen lausunnon luokse, joka on välillämme: ettemme palvo muuta kuin Allahia, emmekä aseta vertaisia Hänen rinnalleen ja että kukaan meistä ei ota Valtiaiksi muita kuin Allahin.'

72

فَإِن تَوَلَّوْا فَقُولُوا اشْهَدُوا بِأَنَّا مُسْلِمُونَ ﴾

Sitten, jos he kääntyvät pois, niin sanokaa: 'Todistakaa, että Me olemme muslimeita (Jumalan tahtoon antautuvia).'" (3:64)

وَدَلِيلُ شَهَادَةِ أَنَّ مُحَمَّدًا رَسُولُ اللهِ؛ قَوْلُهُ تَعَالَى:

Ja todiste sille, että Muhammad (ﷺ) on Allahin sanansaattaja on Hänen (Allahin), Korkeimman, lausuntonsa:

﴿لَقَد جَاءَكُم رَسُولٌ مِن أنفُسِكُم

"Totisesti, teidän joukostanne on tullut sanansaattaja (Muhammad ﷺ).

عَزِيزٌ عَلَيهِ مَا عَنِتُّم حَرِيصٌ عَلَيكُم بِالمُؤمِنِينَ رَؤُوفٌ رَّحِيمٌ ﴾

Häntä surettaa teidän kärsimyksenne, hän on huolissaan teistä (siitä, että saatteko te oikealle tielle johdatusta) ja hänellä on empatiaa ja armoa uskovaisia kohtaan." (9:128)

وَمَعنَى شَهَادَةِ أَنَّ مُحَمَّدًا رَسُولُ اللهِ:

Ja uskontunnustuksen "Muhammad on Allahin sanansaattaja" (-osion) merkitys on

طَاعَتُهُ فِيمَا أَمَرَ،

totella häntä siinä, mitä hän on määrännyt (ks. 4:59),

وَتَصدِيقُهُ فِيمَا أَخبَرَ،

hyväksyä totuutena, mitä hän on kertonut (ks. 53:3),

وَاجْتِنَابُ مَا عَنْهُ نَهَى وَزَجَرَ،

välttää kaikkea mitä hän on kieltänyt (ks. 59:7),

وَأَن لَا يُعْبَدَ اللَّهُ إِلَّا بِمَا شَرَعَ.

ja että Allahia ei palvota paitsi sillä, mitä hän (ﷺ) on laillistanut. [1]

وَدَلِيلُ الصَّلَاةِ، وَالزَّكَاةِ، وَتَفْسِيرِ التَّوْحِيدِ؛ قَوْلُهُ تَعَالَى:

Ja todiste rukoukselle, almuverolle, ja monoteismin selitykselle on Hänen (Allahin), Korkeimman, lausunnossa:

﴿وَمَا أُمِرُوا إِلَّا لِيَعْبُدُوا اللَّهَ مُخْلِصِينَ لَهُ الدِّينَ حُنَفَاءَ

"Ja heitä ei käsketty paitsi, että he palvoisivat Allahia vilpittömästi, tehden uskonnon oikeamielisesti Hänelle,

وَيُقِيمُوا الصَّلَاةَ وَيُؤْتُوا الزَّكَاةَ وَذَلِكَ دِينُ الْقَيِّمَةِ﴾

ja suorittavat rukouksen ja antavat almuveron ja tuo on oikea uskonto."
(98:5)

وَدَلِيلُ الصِّيَامِ؛ قَوْلُهُ تَعَالَى:

Ja todiste paastolle on Hänen (Allahin), Korkeimman, lausuntonsa:

---

[1] Eli palvomme Allahia vain niillä rituaalisilla palvontateoilla, joita Hänen sanansaattajansa ﷺ on laillistanut meille. Profeetta ﷺ sanoi:

مَنْ عَمِلَ عَمَلًا لَيْسَ عَلَيْهِ أَمْرُنَا فَهُوَ رَدٌّ

"Kuka ikinä tekee jonkun teon, joka ei ole meidän asiamme mukainen, tulee saamaan sen hylätyksi."

(*Sahih al-Bukhari* 2697, *Sahih Muslim* 1718)

﴿يَا أَيُّهَا الَّذِينَ آمَنُوا كُتِبَ عَلَيْكُمُ الصِّيَامُ كَمَا كُتِبَ عَلَى الَّذِينَ مِن قَبْلِكُم لَعَلَّكُمْ تَتَّقُونَ﴾

"Oi te, jotka uskotte, paasto on määrätty teille aivan kuin se oli määrätty niille, jotka olivat ennen teitä, jotta teistä tulisi tietoisia Allahista[1] ." (2:183)

وَدَلِيلُ الحَجِّ؛ قَولُهُ تَعَالَى:

Ja todiste pyhiinvaellukselle on Hänen (Allahin), Korkeimman, lausuntonsa:

﴿وَلِلَّهِ عَلَى النَّاسِ حِجُّ البَيتِ مَنِ استَطَاعَ إِلَيهِ سَبِيلًا﴾

"Pyhiinvaellus taloon on niiden ihmisten velvollisuus Allahia kohtaan, jotka kykenevät ottaa sen tien.

وَمَن كَفَرَ فَإِنَّ اللَّهَ غَنِيٌّ عَنِ العَالَمِينَ﴾

Ja kuka ikinä epäuskoo, niin (tietäkää, että) totisesti Allah on riippumaton Luomakunnasta. " (3:97)

المَرتَبَةُ الثَّانِيَةُ: الإيمَانُ

Toinen taso: *al-iimaan* (usko).

وَهُوَ: بِضعٌ وَسَبعُونَ شُعبَةً،

Ja sillä on kolmesta yhdeksään sekä seitsemänkymmentä (eli yli seitsemänkymmentä) oksaa.

---

[1] Eli niitä, joilla on *taqwaa*. Ks. sivun 35 alaviite.

أَعْلَاهَا قَوْلُ: لَا إِلَهَ إِلاَّ اللَّهُ،

Korkein niistä on *"Lää iläähä ill-Allaah"* -lausunto.

وَأَدْنَاهَا إِمَاطَةُ الأَذَى عَنِ الطَّرِيقِ،

Matalin niistä on haitallisen asian poistaminen polulta,

وَالْحَيَاءُ شُعْبَةٌ مِنَ الإِيمَانِ.

ja *al-hayaa'* (häveliäisyys ja ujous) on osa uskoa.

وَأَرْكَانُهُ سِتَّةٌ:

Sen (uskon) pilarit ovat kuusi:

أَنْ تُؤْمِنَ بِاللَّهِ، وَمَلَائِكَتِهِ، وَكُتُبِهِ، وَرُسُلِهِ، وَالْيَوْمِ الآخِرِ، وَبِالْقَدَرِ خَيْرِهِ وَشَرِّهِ.

uskoa Allahiin, Hänen enkeleihinsä, Hänen kirjoihinsa, Hänen sanansaattajiinsa, viimeiseen päivään ja kohtaloon - sen hyvään ja huonoon.

وَالدَّلِيلُ عَلَى هَذِهِ الأَرْكَانِ السِّتَّةِ؛ قَوْلُهُ تَعَالَى:

Ja todiste näille kuudelle pilarille on Hänen (Allahin), Korkeimman, lausuntonsa:

﴿لَيْسَ الْبِرَّ أَنْ تُوَلُّوا وُجُوهَكُمْ قِبَلَ الْمَشْرِقِ وَالْمَغْرِبِ وَلَكِنَّ الْبِرَّ مَنْ آمَنَ بِاللَّهِ وَالْيَوْمِ الآخِرِ وَالْمَلَائِكَةِ وَالْكِتَابِ وَالنَّبِيِّينَ﴾

"Ei ole hurskautta (pelkästään se), että käännätte kasvonne itään tai länteen (eli rukoussuuntaan rukouksissanne), vaan (aidosti) hurskas on hän, joka (lisäksi) uskoo Allahiin, viimeiseen päivään, enkeleihin, kirjaan ja profeettoihin." (2:177)

وَدَلِيلُ القَدَرِ؛ قَوْلُهُ تَعَالَى:

Ja todiste kohtalolle on Hänen (Allahin), Korkeimman, lausuntonsa:

﴿إِنَّا كُلَّ شَيْءٍ خَلَقْنَاهُ بِقَدَرٍ﴾

"Totisesti, Me olemme luoneet kaikki asiat ennalta määrätyllä kohtalolla."
(54:49)

المَرْتَبَةُ الثَّالِثَةُ:

Kolmas taso:

الإحْسَانُ

al-ihsaan (erinomaisuus).

- رُكْنٌ وَاحِدٌ -

Se on yksi pilari

وَهُوَ: أَنْ تَعْبُدَ اللهَ وَحْدَهُ كَأَنَّكَ تَرَاهُ فَإِنْ لَمْ تَكُنْ تَرَاهُ فَإِنَّهُ يَرَاكَ

ja se on sitä, että palvot Allahia aivan kuin näkisit Hänet ja jos et näe Häntä
(eli jos et pysty palvomaan Häntä sellaisella erinomaisuudella, jota henkilö
suorittaisi jos Hän näkisi Allahin), niin (tiedostaen, että) Hän näkee sinut.

وَالدَّلِيلُ قَوْلُهُ تَعَالَى:

Ja todiste on Hänen (Allahin), Korkeimman, lausuntonsa:

﴿إِنَّ اللَّهَ مَعَ الَّذِينَ اتَّقَوْا وَالَّذِينَ هُم مُحْسِنُونَ﴾

"Totisesti, Allah on niiden kanssa, jotka pelkäävät Häntä ja niiden kanssa,
jotka tekevät hyvää (muhsinuuna)." *(16:128)*

وَقَوْلُهُ تَعَالَى:

Ja (todisteena) Hänen (Allahin), Korkeimman, lausuntonsa:

﴿وَتَوَكَّلْ عَلَى الْعَزِيزِ الرَّحِيمِ ۝

"Ja aseta luottamuksesi Kaikkivaltiaaseen, Armeliaimpaan,

الَّذِي يَرَاكَ حِينَ تَقُومُ ۝

joka näkee sinut, kun nouset (yksin yörukouksiin)

وَتَقَلُّبَكَ فِي السَّاجِدِينَ﴾

ja liikkeesi kumartujien joukossa (yhteisrukouksissa)." (26:217)

وَقَوْلُهُ تَعَالَى:

Ja Hänen (Allahin), Korkeimman, lausuntonsa:

﴿وَمَا تَكُونُ فِي شَأْنٍ وَمَا تَتْلُو مِنْهُ مِن قُرْآنٍ وَلَا تَعْمَلُونَ مِنْ عَمَلٍ إِلَّا كُنَّا عَلَيْكُم شُهُودًا إِذْ تُفِيضُونَ فِيهِ﴾

"Ja (oi Muhammad) et ole osallisena missään asiassa, etkä lue mitään Koraanista ja te (ihmiset) ette tee mitään tekoa paitsi, että Me olemme todistajia, kun te teette sitä." (10:61)

وَالدَّلِيلُ مِنَ السُّنَّةِ

Ja todiste *sunnasta* on

78

حَدِيثُ جَبرَائِيلَ المَشهُورُ، عَن عُمَرَ رضي الله عنه قَالَ

kuuluisa Jibriilin *hadith*, jonka raportoi Umar - Allah olkoon tyytyväinen häneen - :

بَينَمَا نَحنُ عِندَ رَسُولِ اللَّهِ ﷺ ذَاتَ يَومٍ، إذ طَلَعَ عَلَينَا رَجُلٌ،

"Eräänä päivänä, kun me olimme Allahin sanansaattajan ﷺ kanssa, eräs mies tuli luoksemme.

شَدِيدُ بَيَاضِ الثِّيَابِ،

Hänen vaatteensa olivat erittäin valkoiset,

شَدِيدُ سَوَادِ الشَّعرِ،

hänen hiuksensa olivat erittäin mustat,

لَا يُرَى عَلَيهِ أَثَرُ السَّفَرِ، وَلَا يَعرِفُهُ مِنَّا أَحَدٌ،

hänessä ei näkynyt mitään matkustuksen jälkeä ja kukaan meistä ei tiennyt häntä.

حَتَّى جَلَسَ إِلَى النَّبِيِّ ﷺ، فَأَسنَدَ رُكبَتَيهِ إِلَى رُكبَتَيهِ، وَوَضَعَ كَفَّيهِ عَلَى فَخِذَيهِ، وَقَالَ: يَا مُحَمَّدُ!

Hän istui alas lähelle profeettaa ﷺ, asetti polvensa profeetan ﷺ polvien eteen ja laittoi kätensä hänen ﷺ reisilleen ja sanoi: 'Oi Muhammad,

79

أَخْبِرْنِي عَنِ الإِسْلَامِ؟

kerro minulle islamista.'

فَقَالَ رَسُولُ اللَّهِ ﷺ:

Joten Allahin sanansaattaja ﷺ sanoi:

الإِسْلَامُ: أَنْ تَشْهَدَ أَنْ لَا إِلَهَ إِلَّا اللَّهُ وَأَنَّ مُحَمَّدًا رَسُولُ اللَّهِ، وَتُقِيمَ الصَّلَاةَ، وَتُؤْتِيَ الزَّكَاةَ، وَتَصُومَ رَمَضَانَ، وَتَحُجَّ البَيتَ إِنِ اسْتَطَعْتَ إِلَيهِ سَبِيلًا،

'Islam on sitä, että todistat, ettei ole muuta palvomisen arvoista jumalaa kuin Allah ja että Muhammad on Allahin sanansaattaja, suoritat rukouksen (viidesti päivässä), annat almuveron, paastoat ramadanin (kuukauden) ja suoritat pyhiinvaelluksen taloon, jos pystyt ottaa sen tien (fyysisesti ja taloudellisesti).'

قَالَ: صَدَقْتَ -

Hän (mies) sanoi: 'Olet puhunut totta.'

فَعَجِبْنَا لَهُ, يَسْأَلُهُ وَيُصَدِّقُهُ.

Me olimme ihmettyneitä hänestä ja siitä, että hän kysyi häneltä (profeetalta ﷺ) ja kertoi hänen ﷺ olevan oikeassa.

قَالَ: أَخْبِرْنِي عَنِ الإِيمَانِ؟

(Sitten) hän (mies) sanoi: 'Kerro minulle *al-iimaanista* (eli uskosta).'

قَالَ: أَنْ تُؤْمِنَ بِاللَّهِ، وَمَلاَئِكَتِهِ، وَكُتُبِهِ، وَرُسُلِهِ، وَالْيَوْمِ الآخِرِ، وَتُؤْمِنَ بِالْقَدَرِ خَيْرِهِ وَشَرِّهِ،

Hän (profeetta ﷺ) sanoi: 'Se on sitä, että uskot Allahiin, Hänen enkeleihinsä, Hänen kirjoihinsa, Hänen sanansaattajiinsa, viimeiseen päivään ja kohtaloon - sen hyvään ja sen pahaan (eli siihen, että myös sen huonot puolet ovat loppupeleissä oikeudenmukaisia ja kohtalo on aina uskovaisen eduksi, sillä Allah on Kaikkitietävä, Viisain ja Oikeudenmukaisin)[1].'

قَالَ: صَدَقْتَ.

Hän (mies) sanoi: 'Olet puhunut totta.'

قَالَ: أَخْبِرْنِي عَنِ الإِحْسَانِ؟

(Sitten) hän sanoi: 'Kerro minulle *al-ihsaanista* (erinomaisuudesta).'

قَالَ: أَنْ تَعْبُدَ اللَّهَ كَأَنَّكَ تَرَاهُ، فَإِن لَمْ تَكُنْ تَرَاهُ فَإِنَّهُ يَرَاكَ.

Hän (profeetta ﷺ) sanoi: 'Se on sitä, että palvot Allahia kuin näkisit Hänet ja vaikka et näe Häntä, niin tiedostat, että Hän näkee sinut.'

قَالَ: فَأَخْبِرْنِي عَنِ السَّاعَةِ؟ قَالَ:

Hän (mies) sanoi: 'Kerro minulle (viimeisestä) tunnista.' Hän ﷺ vastasi:

---

[1] Jokaisessa pahassa tapahtumassa on viisaus takana ja jokin hyvä seuraus, joka siitä aiheutuu. Pahuus ei ole Allahin teoista, vaan sitä tapahtuu Hänen luotujensa keskuudessa ja Allah sallii pahuuden tapahtua siitä seuraavan hyvän ja viisauden takia, vaikka ihmiset eivät näkisi sitä (ks. *al-Qawl al-mufiid 'alaa kitaab at-tawhiid*). Uskovainen siis muistaa tämän onnettomuudenkin aikana, eikä hän vaivu epätoivoon, vaikka hän tuntisi surua. Jokaisessa tilanteessa on vähintään jokin opetus takana tai tilaisuus kääntyä Allahin puoleen. Joskus onnettomuus voi muuttaa ihmisen elämän parempaan suuntaan, jos hän osaa asennoitua siihen oikein ja monelle onnettomuus on herätys palata Allahin tielle. Tässä on myös syytä muistuttaa, että Allah sanoi:

إِنَّ رَبَّكَ عَلِيمٌ حَكِيمٌ

"Totisesti, Valtiaasi on Kaikkitietävä, Viisain." (12:6)

مَا الْمَسْؤُولُ عَنْهَا بِأَعْلَمَ مِنَ السَّائِلِ.

'Hän, jolta kysytään ei tiedä sen enempää kuin kysyjä.'

قَالَ: فَأَخْبِرْنِي عَنْ أَمَارَتِهَا؟. قَالَ:

Hän (mies) sanoi: 'Kerro minulle (viimeisen päivän lähestymisen) merkeistä'.
Hän ﷺ vastasi:

أَنْ تَلِدَ الْأَمَةُ رَبَّتَهَا، وَأَنْ تَرَى الْحُفَاةَ الْعُرَاةَ الْعَالَةَ رِعَاءَ الشَّاءِ يَتَطَاوَلُونَ فِي الْبُنْيَانِ.

'Orjatyttö tulee synnyttämään hänen emäntänsä ja tulet näkemään paljasjalkaisten, alastomien, rutiköyhien paimenten kilpailevan korkeiden rakennusten rakentamisesta.'''

قَالَ: ثُمَّ انْطَلَقَ فَلَبِثْتُ مَلِيًّا، ثُمَّ قَالَ لِي:

Hän (Umar) sanoi (tässä raportissa): 'Sen jälkeen mies lähti. Odotin hetken ja sitten hän (profeetta ﷺ) sanoi minulle:

يَا عُمَرُ! أَتَدْرِي مَنِ السَّائِلُ؟

'Oi Umar, tiedätkö kuka tuo kysyjä oli?'

قُلتُ: اللَّهُ وَرَسُولُهُ أَعلَمُ.

Sanoin: 'Allah ja Hänen sanansaattajansa tietävät parhaiten.'

قَالَ: فَإِنهُ جِبرِيلُ، أَتَاكُم يُعَلِّمُكُم دِينَكُم.

Hän (profeetta ﷺ) sanoi: **'Tuo oli Jibriil (enkeli), joka tuli opettamaan teille teidän uskontoanne.'''**

الأَصْلُ الثَّالِثُ

Kolmas perusperiaate:

مَعرِفَةُ نَبِيِّكُم مُحَمَّد ﷺ،

Tuntemus profeetastanne - Muhammadista ﷺ.

وَهُوَ مُحَمَّدُ بنُ عَبدِ اللَّهِ بنِ عَبدِ المُطَّلِبِ بنِ هَاشِمٍ، وَهَاشِمٌ مِن قُرَيشٍ، وَقُرَيشٌ مِنَ العَرَبِ،

Ja hän on Muhammad Abdullah'n poika, (joka oli) Abdul-Muttalibin (eli Shayban) poika, (joka oli) Hashimin poika, (joka oli) Qurayshista (heimosta), ja Qurayshit ovat arabeista,

وَالعَرَبُ مِن ذُرِّيَّةِ إِسمَاعِيلَ بنِ إِبرَاهِيمَ الخَلِيلِ -عَلَيهِ وَعَلَى نَبِيِّنَا أَفضَلُ الصَّلَاةِ وَالسَّلَامِ-

ja arabit ovat Ismaiilin jälkeläisistä, joka (Ismaiil) oli Aabrahamin (Ibrahimin) - Allahin läheisen ystävän (khaleelin) - poika. Rauha ja siunaukset olkoon hänen ja profeettamme yllä.

وَلَهُ مِنَ العُمْرِ ثَلَاثٌ وَسِتُّونَ سَنَةً - مِنهَا أَربَعُونَ قَبلَ النُّبُوَّةِ، وَثَلَاثٌ وَعِشرُونَ نَبِيًّا رَسُولًا

Hän eli 63 vuotta, joista 40 oli ennen profeettiuutta ja 23 vuotta hän oli profeetta ja sanansaattaja.

نُبِّئَ بِاقرَأ، وَأُرسِلَ بِالمُدَّثِّرِ، وَبَلَدُهُ مَكَّةُ.

Hänestä tuli profeetta (suurah) Iqran kautta ja hänestä tuli sanansaattaja (suurah) al-Muddathirin kautta, ja hänen kaupunkinsa oli Mekka.

بَعَثَهُ اللَّهُ بِالنِّذَارَةِ عَنِ الشِّركِ، وَيَدعُو إِلَى التَّوحِيدِ؛

Allah lähetti hänet varoittamaan *shirkistä* (Allahin rinnalle vertaisten asettamisesta) ja kutsumaan monoteismiin (*tawhiidiin*).

وَالدَّلِيلُ قَولُهُ تَعَالَى:

Ja todiste on Hänen (Allahin), Korkeimman, lausuntonsa:

﴿يَا أَيُّهَا المُدَّثِّرُ ○﴾

"Oi sinä, joka olet vaatteisiin verhoutunut!

قُم فَأَنذِر ○

Nouse ja varoita!

وَرَبَّكَ فَكَبِّر ○

Ja ylistä Valtiastasi!

وَثِيَابَكَ فَطَهِّر ○

Ja puhdista vaatteesi!

وَالرُّجزَ فَاهجُر ○

Ja pysy poissa ar-rujzista (patsaista)!

وَلَا تَمْنُن تَسْتَكْثِرُ ۝

Ja älä anna saadaksesi enemmän.

وَلِرَبِّكَ فَاصْبِرْ ﴾

Ja ole kärsivällinen Valtiaasi vuoksi!" (74:1-7)

وَمَعْنَى ﴿قُم فَأَنذِرْ﴾: يُنذِرُ عَنِ الشِّركِ، وَيَدعُو إِلَى التَّوحِيد.

"Nouse ja varoita" -lausunnon merkitys on, että hän (profeetta ﷺ) varoittaa *shirkistä* ja kutsuu monoteismiin.

﴿وَرَبَّكَ فَكَبِّرْ﴾ أي: عَظِّمهُ بِالتَّوحِيدِ.

"Ja ylistä Valtiastasi!" -lausunnon merkitys on: ylistä Häntä monoteismilla.

﴿وَثِيَابَكَ فَطَهِّرْ﴾ أي: طَهِّر أَعمَالَكَ مِنَ الشِّركِ.

"Ja puhdista vaatteesi" -lausunnon merkitys on: puhdista tekosi *shirkistä*.

﴿وَالرُّجزَ فَاهجُرْ﴾ الرُّجزُ: الأَصنَامُ. وَهَجرُهَا: تَركُهَا، وَالبَرَاءَةُ مِنهَا وَأَهلِهَا.

"Pysy poissa ar-rujzista": Ar-Rujz ovat patsaat ja *"pysy poissa niistä"* tarkoittaa niiden jättämistä ja itsensä erottamista niistä ja niiden ihmisistä.

أَخَذَ عَلَى هَذَا عَشرَ سِنِينَ يَدعُو إِلَى التَّوحِيدِ، وَبَعدَ العَشرِ عُرِجَ بِهِ إِلَى السَّمَاءِ،

Hän ﷺ vietti 10 vuotta kutsuen monoteismiin ja kymmenen vuoden jälkeen hänet vietiin taivaaseen (*al-isra' wal-mi'raj* -yömatkalle).

85

وَفُرِضَت عَلَيهِ الصَّلَوَاتُ الخَمسُ، وَصَلَّى في مَكَّةَ ثَلَاثَ سِنِينَ، وَبَعدَهَا أُمِرَ بِالهِجرَةِ إِلَى المَدِينَة.

Viisi päivittäistä rukousta määrättiin hänelle ja hän rukoili Mekassa kolme vuotta, jonka jälkeen häntä määrättiin tekemään maastamuutto (*hijrah*) Medinaan.

وَالهِجرَةُ: فَرِيضَةٌ عَلَى هَذِهِ الأُمَّةِ مِن بَلَدِ الشِّركِ إِلَى بَلَدِ الإِسلامِ، وَهِيَ بَاقِيَةٌ إِلَى أَن تَقُومَ السَّاعَةَ،

Hijrah on muuttamista shirkin maasta islamin maahan. Tämä säädös jää sellaiseksi, kunnes viimeinen tunti (eli tuomiopäivä) saapuu (osa oppineista sanovat kuitenkin, että *hijrah* on pakollista vain niille, joilla on kykyä lähteä pois maasta, jos maassa ei kykene harjoittamaan uskontoa).

وَالدَّلِيلُ قَولُهُ تَعَالَى:

Ja todiste on Hänen (Allahin), Korkeimman, lausuntonsa:

﴿إِنَّ الَّذِينَ تَوَفَّاهُمُ المَلَائِكَةُ ظَالِمِي أَنفُسِهِم

"Totisesti, niille, jotka enkelit ottavat (kuolemaan) heidän (eli ihmisten) tehdessä vääryyttä itseään kohtaan,

قَالُوا فِيمَ كُنتُم

sanotaan (eli enkelit sanovat heille): 'Missä tilassa te olitte?'

قَالُوا كُنَّا مُستَضعَفِينَ في الأَرضِ

He tulevat sanomaan: 'Me olimme heikkoja (ja alistettuja) maan päällä.'

قَالُوا أَلَمْ تَكُنْ أَرْضُ اللَّهِ وَاسِعَةً فَتُهَاجِرُوا فِيهَا

He (enkelit) sanovat heille: 'Eikö Allahin maa ollut tarpeeksi laaja, että voisitte suorittaa siellä hijran (eli maastamuuton muslimimaahan)?'

فَأُولَئِكَ مَأْوَاهُمْ جَهَنَّمُ وَسَاءَتْ مَصِيرًا ⬡

Nuo (jotka vapaaehtoisesti jäivät maahan, jossa uskontoa rajoitettiin) tulevat asumaan helvetissä - huono on tuo määränpää.

إِلَّا الْمُسْتَضْعَفِينَ مِنَ الرِّجَالِ وَالنِّسَاءِ وَالْوِلْدَانِ لَا يَسْتَطِيعُونَ حِيلَةً وَلَا يَهْتَدُونَ سَبِيلًا ⬡

Paitsi alistetut (ja heikot) miesten joukosta, sekä naiset ja lapset, jotka eivät kykene suunnittelemaan (pakoa), eivätkä he kykene saamaan ohjausta (heitä estää olosuhteet, joihin he eivät voi vaikuttaa).

فَأُولَئِكَ عَسَى اللَّهُ أَن يَعْفُوَ عَنْهُمْ وَكَانَ اللَّهُ عَفُوًّا غَفُورًا﴾

Joten heidät Allah mahdollisesti armahtaa, Allah on Armahtava, Anteeksiantava." (4:97-99)

وَقَوْلُهُ تَعَالَى:

Ja Hänen (Allahin), Korkeimman, lausuntonsa:

﴿يَا عِبَادِيَ الَّذِينَ آمَنُوا إِنَّ أَرْضِي وَاسِعَةٌ فَإِيَّايَ فَاعْبُدُونِ﴾

"Oi Minun palvelijani, jotka olette uskoneet! Totisesti, maani on laaja, joten palvokaa (vain) Minua." (29:56)

وَالدَّلِيلُ عَلَى الهِجرَةِ مِنَ السُّنَّةِ؛ قَولُهُ ﷺ

Ja todiste *hijralle sunnasta* on hänen (profeetan ﷺ) lausuntonsa:

لَا تَنقَطِعُ الهِجرَةُ حَتَّى تَنقَطِعَ التَّوبَةُ،

"Hijraa ei leikata pois (islamin säädöksistä), kunnes katumus (*tawbah*) leikataan pois.

وَلَا تَنقَطِعُ التَّوبَةُ حَتَى تَطلُعَ الشَّمسُ مِن مَغرِبِهَا

Ja katumusta ei tulla leikkaamaan pois, kunnes aurinko nousee lännestä."

فَلَمَّا استَقَرَّ فِي المَدِينَةِ؛

Kun hän (profeetta ﷺ) asettui Medinaan:

أُمِرَ بِبَقِيَّةِ شَرَائِعِ الإِسلَامِ - مِثلُ:

Hänelle annettiin käskynä (välittää eteenpäin, toteuttaa ja opettaa ihmisille) loput islamin lait, kuten:

الزَّكَاةِ، وَالصَّومِ، وَالحَجِّ، وَالأَذَانِ، وَالجِهَادِ، وَالأَمرِ بِالمَعرُوفِ وَالنَّهيِ عَنِ المُنكَرِ، وَغَيرِ ذَلِكَ مِن شَرَائِعِ الإِسلَامِ-

almuvero, paasto, pyhiinvaellus, *jihaad* (laillinen sota, johon kuuluu valtion puolustaminen ja rauhansopimuksista kiinni pitäminen), rukouskutsu, hyvään käskeminen ja pahan kieltäminen, sekä muita islamin säädöksiä.

أَخَذَ عَلَى هَذَا عَشرَ سِنِينَ،

Tähän hän käytti kymmenen vuotta.

وَتُوُفِّيَ ﷺ وَدِينُهُ بَاقٍ، وَهَذَا دِينُهُ، لَا خَيْرَ إِلَّا دَلَّ الْأُمَّةَ عَلَيْهِ، وَلَا شَرَّ إِلَّا حَذَّرَهَا مِنْهُ.

Sitten hän ﷺ menehtyi, mutta hänen uskontonsa on säilyvä, ja tämä on hänen uskontonsa. Ei ole mitään hyvyyttä paitsi, että hän ohjasi *umman* (eli muslimikansan) siihen ja ei ole mitään pahuutta paitsi, että hän varoitti (muslimikansaa) siitä.

وَالْخَيْرُ الَّذِي دَلَّ عَلَيْهِ: التَّوحِيدُ وَجَمِيعُ مَا يُحِبُّهُ اللَّهُ وَيَرْضَاهُ.

Hyvyys, johon hän on ohjannut sisältää monoteismin (*tawhiid*) ja kaiken, mitä Allah rakastaa ja mihin Hän on tyytyväinen.

وَالشَّرُّ الَّذِي حَذَّرَهَا مِنْهُ: الشِّركُ، وَجَمِيعُ مَا يَكرَهُهُ اللَّهُ وَيَأْبَاهُ.

Pahuus, josta hän varoitti sisältää *shirkin* (vertaisten asettamisen Allahin rinnalle) ja kaiken, mitä Allah inhoaa ja mitä Hän kieltää.

بَعَثَهُ اللَّهُ إِلَى النَّاسِ كَافَّةً، وَافتَرَضَ طَاعَتَهُ عَلَى جَمِيعِ الثَّقَلَينِ - الجِنَّ وَالإِنسِ -؛

Allah lähetti hänet (profeetan ﷺ) koko ihmiskunnalle ja Hän (Allah) teki hänen (profeetan ﷺ) seuraamisensa pakolliseksi kaikille vastuunkantajille, eli henkiolennoille (*jinneille*) ja ihmisille.

وَالدَّلِيلُ قَوْلُهُ تَعَالَى:

Ja todiste tälle on Hänen (Allahin), Korkeimman, lausuntonsa:

﴿قُل يَا أَيُّهَا النَّاسُ إِنِّي رَسُولُ اللَّهِ إِلَيكُم جَمِيعًا﴾

"Sano (Oi Muhammad): 'Oi ihmiskunta, totisesti olen Allahin sanansaattaja (lähetetty) teille kaikille." (7:158)

وَأَكَمَلَ اللهُ لَهُ الدِّينَ؛

Allah täydensi uskonnon (tavalla, että siihen ei tule lisätä mitään) hänelle (eli
profeetan ﷺ kautta).

وَالدَّليلُ قَوْلُهُ تَعَالَى:

Ja todiste on Hänen (Allahin), Korkeimman, lausuntonsa:

﴿اليَومَ أَكمَلتُ لَكُم دِينَكُم

"Tänä päivänä olen täydellistänyt uskontonne teille,

وَأَتمَمتُ عَلَيكُم نِعمَتِي

täydentänyt Suosioni yllenne,

وَرَضِيتُ لَكُمُ الإِسلاَمَ دِينًا﴾

ja Olen hyväksynyt islamin uskonnoksenne." (5:3)

وَالدَّليلُ عَلَى مَوْتِهِ ﷺ؛ قَوْلُهُ تَعَالَى:

Ja todiste profeetan ﷺ kuolemalle[1] on Hänen (Allahin), Korkeimman,
lausuntonsa:

﴿إِنَّكَ مَيِّتٌ وَإِنَّهُم مَّيِّتُونَ ۝﴾

"Totisesti, sinä tulet kuolemaan ja he tulevat kuolemaan.

---

[1] Kirjailija mainitsee siitä, että profeetta ﷺ on kuollut muistuttaakseen niitä, jotka tekevät
hänelle ﷺ pyyntörukousta, että hänelle ﷺ ei ole sallittua tehdä pyyntörukouksia eikä mitään
palvontatekoja. Kuten aiemmin kävimme läpi, pyyntörukous muulle kuin Allahille on Allahin
rinnalle vertaisten asettamista (*shirk*), monoteismin vastaista ja kiellettyä.

$$\text{﴿ ثُمَّ إِنَّكُمْ يَوْمَ الْقِيَامَةِ عِندَ رَبِّكُمْ تَخْتَصِمُونَ ﴾}$$

Sitten ylösnousemuksen päivänä te tulette kiistelemään Valtiaanne edessä
(ja kiistanne tullaan ratkaisemaan)." (39:30-31)

$$\text{وَالنَّاسُ إِذَا مَاتُوا يُبْعَثُونَ؛ وَالدَّلِيلُ قَوْلُهُ تَعَالَى:}$$

Kun ihmiset kuolevat, heidät tullaan sen jälkeen ylösnostamaan ja todiste tälle
on Hänen (Allahin), Korkeimman, lausuntonsa:

$$\text{﴿ مِنْهَا خَلَقْنَاكُمْ وَفِيهَا نُعِيدُكُمْ وَمِنْهَا نُخْرِجُكُمْ تَارَةً أُخْرَى ﴾}$$

"Siitä Me loimme teidät ja siihen Me palautamme teidät ja siitä Me tulemme
tuomaan teidät ulos toisen kerran." (20:55)

$$\text{وَقَوْلُهُ تَعَالَى:}$$

Ja Hänen (Allahin), Korkeimman, lausuntonsa:

$$\text{﴿ وَاللَّهُ أَنبَتَكُم مِّنَ الأَرْضِ نَبَاتًا ◯ ﴾}$$

"Ja Allah on aiheuttanut teidän kasvaa maasta kasvavina.

$$\text{﴿ ثُمَّ يُعِيدُكُمْ فِيهَا وَيُخْرِجُكُمْ إِخْرَاجًا ﴾}$$

Sitten Hän tulee palauttamaan teidät siihen ja tuomaan teidät uudelleen
ulos siitä (aiheuttaen teille ylösnousemuksen)." (71:17-18)

$$\text{وَبَعْدَ الْبَعْثِ مُحَاسَبُونَ وَمَجْزِيُّونَ بِأَعْمَالِهِمْ؛ وَالدَّلِيلُ قَوْلُهُ تَعَالَى:}$$

Ja ylösnousemuksen jälkeen he tulevat olemaan tilitettyjä ja seuraamuksien
(joko palkintojen tai rangaistusten) vastaanottajia heidän tekojensa mukaan ja
todiste tälle on Hänen (Allahin), Korkeimman, lausuntonsa:

﴿وَلِلَّهِ مَا فِي السَّمَاوَاتِ وَمَا فِي الْأَرْضِ لِيَجْزِيَ الَّذِينَ أَسَاؤُوا بِمَا عَمِلُوا وَيَجْزِيَ الَّذِينَ أَحْسَنُوا بِالْحُسْنَى﴾

"Allahille kuuluu kaikki mitä on taivaissa ja maassa, jotta Hän tuomitsisi (oikeudenmukaiset) seuraamukset pahantekijöille heidän tekojensa mukaan ja palkitsisi parhaalla niitä, jotka tekivät hyvää." (53:31)

وَمَن كَذَّبَ بِالْبَعْثِ كَفَرَ، وَالدَّلِيلُ قَوْلُهُ تَعَالَى:

Ja kuka ikinä kieltää ylösnousemuksen on epäuskonut. Todiste on Hänen (Allahin), Korkeimman, lausuntonsa:

﴿زَعَمَ الَّذِينَ كَفَرُوا أَن لَّن يُبْعَثُوا

"Epäuskovaiset ovat väittäneet, ettei heitä herätetä kuolleista.

قُل بَلَى وَرَبِّي لَتُبْعَثُنَّ ثُمَّ لَتُنَبَّؤُنَّ بِمَا عَمِلْتُم وَذَلِكَ عَلَى اللَّهِ يَسِيرٌ﴾

Sano: 'Totisesti, kautta Valtiaani, teidät tullaan herättämään kuolleista. Sitten teille tullaan ilmoittamaan, mitä teillä oli tapana tehdä ja se on Allahille helppoa.'" (64:7)

وَأَرْسَلَ اللَّهُ جَمِيعَ الرُّسُلِ

Ja Allah lähetti kaikki sanansaattajat

مُبَشِّرِينَ وَمُنذِرِينَ؛

hyvän uutisen ilmoittajina ja rangaistusten varoittajina.

وَالدَّلِيلُ قَوْلُهُ تَعَالَى:

Ja todiste on Hänen (Allahin), Korkeimman, lausuntonsa:

92

﴾رُسُلًا مُبَشِّرِينَ وَمُنذِرِينَ﴿

"Sanansaattajat hyvän uutisen ilmoittajina ja varoittajina,

لِئَلَّا يَكُونَ لِلنَّاسِ عَلَى اللَّهِ حُجَّةٌ بَعدَ الرُّسُلِ﴿

jotta ihmisillä ei olisi mitään tekosyytä Allahia vastaan sanansaattajien tulon jälkeen." (4:165)

وَأَوَّلُهُم نُوحٌ - عليه السلام -

Ensimmäinen heistä (sanansaattajista) oli Nooa (Nuuh) - rauhaa hänelle -

وَآخِرُهُم مُحَمَّدٌ ﷺ, وَهُوَ خَاتَمُ النَّبِيِّينَ لَا نَبِيَّ بَعدَهُ;

ja viimeinen heistä oli Muhammad ﷺ, ja hän on profeettojen sinetti, eikä hänen jälkeensä ole profeettoja.

وَالدَّلِيلُ قَولُهُ تَعَالَى:

Ja todiste on Hänen (Allahin), Korkeimman, lausuntonsa:

---

1 Tiedämme Aadamin - rauhaa hänelle - olevan ensimmäinen profeetta, mutta ensimmäinen sanansaattaja oli Nooa - rauhaa hänelle. Sanansaattajan ja profeetan ero on se, että profeetta lähetettiin varoittajana kansalle, jolle oltiin jo ilmoitettu edellisen profeetan laki. Sanansaattaja on taas hän, jolle ilmoitettiin uusi laki, jota opettaa ihmisille. Täten, jokainen sanansaattaja on myös profeetta, mutta jokainen profeetta ei ole sanansaattaja. Ibn Taymiyyah - Allah armahtakoon hänet - sanoi aiheesta:

الصواب أن الرسول هو من أرسل إلى قوم كفار مكذبين، والنبي من أرسل إلى قوم مؤمنين بشريعة رسول قبله يعلمهم ويحكم بينهم

"Oikea mielipide on, että sanansaattaja on hän, joka lähetettiin epäuskovalle ja kieltävälle kansalle ja profeetta on hän, joka lähetettiin uskovaiselle kansalle sen sanansaattajan lailla, joka tuli ennen häntä, opettamaan heitä ja tuomitsemaan heidän välillään."

(Arshif multaqa ahul al-hadith, sivu 136)

﴿مَا كَانَ مُحَمَّدٌ أَبَا أَحَدٍ مِن رِّجَالِكُم

"Muhammad ei ole kenenkään teidän miestenne isä,

وَلَكِن رَّسُولَ اللَّهِ وَخَاتَمَ النَّبِيِّينَ﴾

vaan hän on Allahin sanansaattaja ja viimeinen profeetoista (profeettojen sinetti)." (33:40)

وَالدَّلِيلُ عَلَى أَنَّ أَوَّلَهُمْ نُوحٌ؛ قَوْلُهُ تَعَالَى:

Ja todiste sille, että Nooa (Nuuh) oli ensimmäinen heistä (sanansaattajista), on Hänen (Allahin), Korkeimman, lausuntonsa:

﴿إِنَّا أَوْحَيْنَا إِلَيْكَ كَمَا أَوْحَيْنَا إِلَى نُوحٍ وَالنَّبِيِّينَ مِن بَعْدِهِ﴾

"Totisesti, Me olemme ilmoittaneet sinulle (ilmoituksen), aivan kuin Me olemme ilmoittaneet Nooaalle ja profeettoille hänen jälkeensä." (4:163)

وَكُلُّ أُمَّةٍ بَعَثَ اللَّهُ إِلَيْهِم رَسُولًا -

Ja Allah lähetti jokaiselle kansalle sanansaattajan,

مِن نُوحٍ إِلَى مُحَمَّدٍ -

Nooasta Muhammadiin,

يَأْمُرُهُم بِعِبَادَةِ اللَّهِ وَحْدَهُ،

käskien heitä palvoa vain Allahia

94

وَيَنهَاهُم عَن عِبَادَةِ الطَّاغُوتِ؛

ja kieltäen heitä palvomasta epäjumalia.

وَالدَّلِيلُ قَولُهُ تَعَالَى

Ja todiste on Hänen (Allahin), Korkeimman, lausuntonsa:

﴿وَلَقَد بَعَثنَا فِي كُلِّ أُمَّةٍ رَّسُولًا

"Ja totisesti, Me olemme lähettäneet jokaiseen kansaan sanansaattajan
(sanomaan):

أَنِ اعبُدُوا اللَّهَ وَاجتَنِبُوا الطَّاغُوتَ﴾

'Palvokaa Allahia ja pysykää kaukana epäjumalista."
(16:36)

وَافتَرَضَ اللَّهُ عَلَى جَمِيعِ العِبَادِ:

Allah teki pakolliseksi kaikille palvelijoille

الكُفرَ بِالطَّاغُوتِ، وَالإِيمَانَ بِاللَّهِ.

epäjumaliin (*taaghuut*) epäuskomisen ja Allahiin uskomisen.

قَالَ ابنُ القَيِّمِ -رَحِمَهُ اللهُ تَعَالَى-:

Ibn al-Qayyim - Allah, Korkein, armahtakoon hänet - sanoi:

95

(مَعنَى الطَّاغُوتِ: مَا تَجَاوَزَ بِهِ العَبدُ حَدَّهُ مِن مَعبُودٍ، أَو مَتبُوعٍ، أَو مُطَاعٍ)

"*Taaghuutin* (epäjumalan) merkitys on se, mihin liittyen palvelija ylittää rajoja palvonnassa, seuraamisessa tai tottelemisessa."

وَالطَّوَاغِيتُ كَثِيرُونَ، وَرُؤُوسُهُم خَمسَةٌ:

Epäjumalia (*tawaaghiit*) on monia ja niiden pääepäjumalat (eli pahimmat tyypit) ovat viisi:

إِبلِيسُ -لَعَنَهُ اللَّهُ-،

(1) Iblees (eli *shaytaan*) - Allah kirotkoon hänet -,

وَمَن عُبِدَ وَهُوَ رَاضٍ،

(2) hän, jota palvotaan ja hän on tyytyväinen siihen,

وَمَن دَعَا النَّاسَ إِلَى عِبَادَةِ نَفسِهِ،

(3) hän, joka kutsuu ihmisiä palvomaan itseään,

وَمَنِ ادَّعَى شَيئًا مِن عِلمِ الغَيبِ،

(4) hän, joka väittää tietävänsä jotakin näkymättömyyden tiedosta (kuten tulevaisuudesta),

وَمَن حَكَمَ بِغَيرِ مَا أَنزَلَ اللهُ.

(5) ja hän, joka tuomitsee muulla kuin sillä, mitä Allah on lähettänyt alas (ajatellen, että se on parempi kuin Allahin laki tai ettei hänen tarvitse seurata Allahin lakia).

وَالدَّلِيلُ قَوْلُهُ تَعَالَى:

Ja todiste on Hänen (Allahin), Korkeimman, lausuntonsa:

﴿لَا إِكْرَاهَ فِي الدِّينِ

"Uskontoon ei ole pakkoa[1].

قَد تَّبَيَّنَ الرُّشْدُ مِن الْغَيِّ

Totisesti, oikea tie on tullut selkeäksi väärästä tiestä.

فَمَن يَكْفُرْ بِالطَّاغُوتِ وَيُؤْمِن بِاللَّهِ

Kuka ikinä epäuskoo epäjumaliin (taaghuut) ja uskoo Allahiin,

فَقَدِ اسْتَمْسَكَ بِالْعُرْوَةِ الْوُثْقَى لَا انفِصَامَ لَهَا

on totisesti tarttunut kädensijaan, joka ei koskaan tule menemään rikki.

وَاللَّهُ سَمِيعٌ عَلِيمٌ﴾

Ja Allah on Kaikkikuuleva, Kaikkitietävä." (2:256)

وَهَذَا هُوَ مَعْنَى (لَا إِلَهَ إِلَّا اللَّهُ)،

Ja tämä on *"Lää iläähä ill-Allaah"* -lausunnon merkitys.

---

[1] Tämä jae on käännetty sen merkityksen mukaisesti. Uskonnossa on asioita, jotka ovat pakollisia, mutta ketään ei voi pakottaa uskontoon. Kuten Allah sanoi:

إِنَّكَ لَا تَهْدِي مَنْ أَحْبَبْتَ وَلَكِنَّ اللَّهَ يَهْدِي مَن يَشَاءُ

"Totisesti, sinä et johdata ketä rakastat, vaan Allah johdattaa ketä Hän tahtoo." (28:56)

وَفِي الحَدِيثِ:

Ja (todiste) *hadiithissa*:

»رَأْسُ الأَمرِ الإِسلامُ،

"Asian pää on islam,

وَعَمُودُهُ الصَّلَاةُ،

sen pilari on rukous

وَذِرْوَةُ سَنَامِهِ الجِهَادُ فِي سَبِيلِ اللَّهِ«

ja sen huipun huipulla on Allahin tiellä ahertaminen (islamin mukaisella tavalla)."

وَاللَّهُ أَعلَمُ.

Ja Allah tietää parhaiten.

الأَرْبَعُون النَّوَوِيَّة

40 *hadith* an-Nawawi

أبو زكريا يحيى بن شرف النووي

Abu Zakariyya Yahya ibn Sharaf an-Nawawi

(٦٧٦ - ٦٣١هـ)

631-676 hj.

Kääntäjän kommentit

Imaami an-Nawawin - Allah armahtakoon hänet - neljänkymmenen *hadithin* kokoelma on tunnettu, hyväksytty ja arvostettu muslimioppineiden keskuudessa. Se sisältää kokonaisuudessaan neljäkymmentäkaksi profeetta Muhammadin ﷺ perimätietoa eli *hadithia*. Ibn al-Uthaymiin - Allah armahtakoon hänet - sanoi:

الأَرْبَعُونَ النَّوَوِيَّةُ، وَهِيَ لَيْسَتْ أَرْبَعِينَ، بَلْ هِيَ اثْنَانِ وَأَرْبَعُونَ، لَكِنَّ العَرَبَ يَحْذِفُونَ الكَسْرَ فِي الأَعْدَادِ فَيَقُولُونَ: أَرْبَعُونَ. وَإِنْ زَادَ وَاحِدًا أَوِ اثْنَيْنِ، أَوْ نَقَصَ وَاحِدًا أَوِ اثْنَيْنِ.

"An-Nawawin neljäkymmentä *hadithia* eivät itse asiassa ole neljäkymmentä, vaan neljäkymmentäkaksi. Arabit kuitenkin pyöristävät lukuja ja sanovat neljäkymmentä, vaikka määrä kasvaisi yhdellä tai kahdella tai vähenisi yhdellä tai kahdella."

(Sharh al-Arba'iin an-Nawawiyya li-l-'Uthaymin)

Imaami Abu Zakariyya Yahya ibn Sharaf an-Nawawin mukaan nämä 42 *hadithia* ovat yksi tärkeimmistä ja olennaisimmista islamin profeetallisista perinteistä. Aiheet sisältävät kaiken, mitä muslimin tulisi vähintään tietää uskonnostaan.

Tämä käännetty kokoelma sisältää myös ibn Rajabin lisäämät kahdeksan *hadithia*, jotka hän koki sopivaksi lisätä tähän kategoriaan tehdessään kirjasta selityksen nimellä *Jaami' al-uluum wal-hikam*. *Hadithien* selittämiseen on hyödynnetty enimmäkseen hänen selityksiään sekä tekstissä mainittujen oppineiden kommentteja. Kirja on käännetty arabian kielestä, ja käännöksissä on pyritty säilyttämään oikea merkitys.

Kaikki menestys ja hyvä on vain Allahilta, ja virheellisyys on vain meiltä ja *shaytaanilta*.

Imaami an-Nawawin elämä

Varhainen elämä ja koulutus

Imaami an-Nawawi - Allah armahtakoon hänet, koko nimeltään Abu Zakariyya Yahya ibn Sharaf an-Nawawi, syntyi vuonna 1233 (631 *hijran* jälkeen) Nawa-nimisessä kylässä, lähellä Damaskosta Syyriassa. Hänestä tuli merkittävä islamilainen oppinut, erityisesti *hadith*-tieteissä ja Shafi'i -koulukunnan lainoppineena.

Ibn Kathir - Allah armahtakoon hänet - sanoi imaami an-Nawawista:

$$وُلِدَ بِنَوَى سَنَةَ إِحْدَى وَثَلَاثِينَ وَسِتِّمَائَةٍ، وَنَوَى قَرْيَةٌ مِنْ قُرَى حَوْرَانَ.$$

"An-Nawawi syntyi Nawassa vuonna 631 (*hijran* jälkeen), ja Nawa on kylä Hauranin alueella (Etelä-Syyriassa)."

(Al-Bidaya wa'l-nihaya li-ibn Kathir)

Opiskelu ja omistautuminen

An-Nawawi sai varhaisen koulutuksensa kotikylässään, mutta muutti myöhemmin Damaskokseen jatkaakseen opintojaan. Hän erottui nopeasti oppineisuudellaan ja omistautumisellaan. Imaami an-Nawawi käytti suurimman osan ajastaan opiskeluun, opetukseen ja kirjoittamiseen. Hän matkusti paljon tiedon perässä ja kärsi usein riittävän levon ja ravinnon puutteesta. Hänen elämänsä tiedetään olleen yksinkertaista ja askeettista. An-Nawawi ei koskaan mennyt naimisiin, sillä hän omistautui täysin uskonnolliselle työlleen. Imaami ad-Dahabi - Allah armahtakoon hänet - sanoi hänestä:

$$وَكَانَ النَّوَوِي لا يُضَيِّعُ وَقْتًا فِي لَيْلٍ أَوْ نَهَارٍ إِلَّا فِي الِاشْتِغَالِ بِالْعِلْمِ، حَتَّى فِي ذَهَابِهِ فِي الطَّرِيقِ وَمَجِيئِهِ كَانَ يَشْتَغِلُ فِي تِكْرَارٍ أَوْ مُطَالَعَةٍ.$$

"An-Nawawilla ei ollut tapana hukata aikaansa päivällä eikä yöllä, vaan oli aina kiireinen tiedon parissa - jopa tiellä kävellessään hän kertaili tai opiskeli."

(Siyar a'lam an-nubala' li-dh-Dahabi)

Tunnetuimmat teokset

An-Nawawin tunnetuimpia teoksia ovat *Riyad as-Salihin* (Hurskaiden puutarhat) sekä *al-Arba'in an-Nawawiyah* (40 hadith an-Nawawi). Nämä *hadith*-kokoelmat ovat laajasti käytettyjä ja arvostettuja islamin oppineiden keskuudessa.

Ibn al-Uthaymiin - Allah armahtakoon hänet - sanoi:

فَالنَّوَوِي لَا نَشُكُّ أَنَّ الرَّجُلَ نَاصِحٌ، وَأَنَّ لَهُ قَدَمَ صِدْقٍ فِي الْإِسْلَامِ، وَيَدُلُّ لِذَلِكَ قَبُولُ مُؤَلَّفَاتِهِ حَتَّى إِنَّكَ لَا تَجِدُ مَسْجِدًا مِنْ مَسَاجِدِ الْمُسْلِمِينَ، إِلَّا وَيُقْرَأُ فِيهِ كِتَابُ رِيَاضِ الصَّالِحِينَ.

"Emme epäile, että an-Nawawi oli vilpitön ja että hänellä on totuudenmukainen maine islamissa. Tämä näkyy myös siinä, että hänen teoksensa ovat laajalti hyväksyttyjä, eikä löydy yhtäkään moskeijaa, jossa ei luettaisi *Riyad as-Salihin* -kirjaa."

(Ibn al-Uthaymiin, Sharh al-Arba'iin an-Nawawiyya)

Ad-Dhahabi - Allah armahtakoon hänet - sanoi an-Nawawista:

وَكَانَ (أَيْ: النَّوَوِي)...حَافِظًا لِحَدِيثِ رَسُولِ اللَّهِ ﷺ، عَارِفًا بِأَنْوَاعِهِ مِنْ صَحِيحِهِ وَسَقِيمِهِ وَغَرِيبِ أَلْفَاظِهِ.

"- - ja hän osasi ulkoa Allahin sanansaattajan ﷺ *haditheja* ja hän tiesi niiden luokitelmien eri tyypit: autenttisista heikkoihin, ja epäselkeistä sanoista (*ghariib al-alfaadh*)."

(Siyar a'lam an-nubala li ad-Dahabi)

Kuolema ja perintö

Imaami an-Nawawi kuoli vain 45-vuotiaana, vuonna 1277 (676 hj). Hänen perintönsä elää kuitenkin edelleen hänen kirjoitustensa kautta, ja häntä pidetään yhtenä islamin historian suurimmista oppineista. Hänen työnsä ja opetuksensa ovat vaikuttaneet moniin sukupolviin ja jatkavat vaikutustaan tänäkin päivänä.

Ibn Kathir - Allah armahtakoon hänet - sanoi an-Nawawista:

الشَّيْخُ (أَيْ: النَّوَوِي) الْإِمَامُ الْعَالِمُ الْعَلَّامَةُ، شَيْخُ الْمَذْهَبِ وَكَبِيرُ الْفُقَهَاءِ فِي زَمَانِهِ، وَمَنْ حَازَ قَصَبَةَ السَّبْقِ دُونَ أَقْرَانِهِ.

"Hän on sheikki, imaami, oppinut, suuri tietäjä, koulukunnan sheikki ja aikansa suuri lainoppinut, joka nousi aikansa vertaisiin nähden huipulle."

(Ibn Kathir, al-Bidaya wa-n-nihaya)

Imaami an-Nawawin puhe

خُطْبَةُ الإِمَامِ النَّوَوِيّ

Kaikki kiitokset ja kunnia kuuluvat Allahille, maailmojen Valtiaalle, taivaiden ja maiden Ylläpitäjälle, kaikkien luotujen asioiden Järjestäjälle, joka on lähettänyt sanansaattajat – siunaukset ja rauhaa heille – vastuun-kantajille[1] johdatuksena ja selventämään uskonnon määräyksiä kiistattomilla ja selkeillä todisteilla. Ylistän Häntä kaikista siunauksista ja pyydän Häneltä lisää Hänen suosiostaan ja anteliaisuudestaan.

الْحَمْدُ لِلَّهِ رَبِّ الْعَالَمِينَ، قيوم السَّماوَات وَالأَرَضِينَ، مُدَبِّرِ الخَلائِقِ أَجْمَعِينَ، بَاعِثِ الرُّسُلِ – صَلَوَاتُهُ وَسَلامُهُ عَلَيْهِم – إِلَى الْمُكَلَّفِينَ؛ لِهِدَايَتِهِمْ وَبَيانِ شَرَائِعِ الدِّينِ، بِالدَّلائِلِ الْقَطْعِيَّةِ وَوَاضِحَاتِ الْبَرَاهِينِ، أَحْمَدُهُ عَلَى جَمِيعِ نِعَمِهِ، وَأَسْأَلُهُ الْمَزِيدَ مِنْ فَضْلِهِ وَكَرَمِهِ.

Todistan, että ei ole muuta palvomisen arvoista jumalaa kuin Allah, joka on Yksi ja Kaikkivaltias, Antelias ja Anteeksiantava. Todistan, että Muhammad on Hänen palvelijansa ja sanansaattajansa, Hänen rakastettunsa ja ystävänsä, parhain luomakunnasta, joka on saanut kunniaa mahtavalla ihmeellä – vuosia säilyvällä Koraanilla – ja valaisevalla *sunnalla* johdatusta etsiville. Juuri hänelle on annettu kattavin ja ytimekkäin tapa puhua ja anteeksiantava uskonto. Allahin kehut ja rauha olkoon hänen ja kaikkien profeettojen, sanansaattajien sekä jokaisen uskovaisen väen ja hurskaiden yllä.

وَأَشْهَدُ أَنْ لَا إِلَهَ إِلَّا اللَّهُ الْوَاحِدُ الْقَهَّارُ، الْكَرِيمُ الْغَفَّارُ، وَأَشْهَدُ أَنَّ مُحَمَّدًا عَبْدُهُ وَرَسُولُهُ، وَحَبِيبُهُ وَخَلِيلُهُ، أَفْضَلُ الْمَخْلُوقِينَ، الْمُكَرَّمُ بِالْقُرآنِ الْعَزِيزِ الْمُعْجِزَةِ الْمُسْتَمِرَّةِ عَلَى تَعَاقُبِ السِّنِينَ، وَبِالسُّنَنِ الْمُسْتَنِيرَةِ لِلْمُسْتَرْشِدِينَ، الْمَخْصُوصِ بِجَوَامِعِ الْكَلِمِ وَسَمَاحَةِ الدِّينِ، صَلَوَاتُ اللَّهِ وَسَلامُهُ عَلَيْهِ وَعَلَى سَائِرِ النَّبِيِّينَ وَالْمُرْسَلِينَ، وَآلِ كُلٍّ وَسَائِرِ الصَّالِحِينَ.

Mitä tulee seuraavaksi: olemme raportoineet 'Ali ibn Abi Talibilta, 'Abdullah ibn Mas'udilta, Mu'adh ibn Jabalilta, Abu Darda'lta, ibn Umarilta, ibn Abbasilta, Anas ibn Malikilta, Abu Hurairalta ja Abu Sa'id al-Khudriltä – Allah olkoon heihin tyytyväinen – useiden reittien kautta erilaisilla raporteilla, että Allahin sanansaattaja ﷺ sanoi: **"Kuka ikinä säilyttää neljäkymmentä *hadithia* kansalleni uskontoa koskevista asioista,**

أَمَّا بَعْدُ: فَقَدْ رَوَيْنَا عَنْ عَلِيِّ بْنِ أَبِي طَالِبٍ، وَعَبْدِ اللَّهِ بْنِ مَسْعُودٍ وَمُعَاذِ بْنِ جَبَلٍ، وَأَبِي الدَّرْدَاءِ، وَابْنِ عُمَرَ، وَابْنِ عَبَّاسٍ، وَأَنَسِ بْنِ مَالِكٍ، وَأَبِي هُرَيْرَةَ، وَأَبِي سَعِيدٍ الْخُدْرِيِّ – رَضِيَ اللهُ عَنْهُم – مِنْ طُرُقٍ كَثِيرَاتٍ بِرِوَايَاتٍ مُتَنَوِّعَاتٍ: أَنَّ رَسُولَ اللهِ ﷺ قَالَ:

«مَنْ حَفِظَ عَلَى أُمَّتِي أَرْبَعِينَ حَدِيثًا مِنْ أَمْرِ دِينِهَا بَعَثَهُ اللهُ تَعَالَى فَقِيهًا يَوْمَ الْقِيَامَةِ فِي زُمْرَةِ الْفُقَهَاءِ وَالْعُلَمَاءِ». وَفِي رِوَايَةٍ: «بَعَثَهُ الله تَعَالَى

---

[1] Eli ihmisille ja henkiolennoille.

Allah - Korkein - tulee nostamaan hänet tuomiopäivänä uskonoppineena oppineiden ja tietävien joukkoon." Eräässä toisessa kertomaketjussa: **"Allah tulee herättämään hänet oppineena ja tietävänä."** Ja Abu ad-Dardaa'n kertomaketjussa: **"- -, minä tulen olemaan hänen puolestapuhujansa ja todistajansa ylösnousemuksen päivänä."** Ja ibn Umarin kertomaketjussa: **"- -, hänet kirjoitetaan oppineiden joukkoon, ja hänet tullaan ylösnostamaan marttyyrien joukkoon."** Kertomusten säilyttäjät ovat yhtä mieltä siitä, että tämä *hadith* on heikko, vaikka sillä on monia kertomaketjuja.[1]

Oppineet ovat kirjoittaneet lukemattomia teoksia tästä aiheesta. Ensimmäinen, jonka tiedän kirjoittaneen tästä, oli 'Abdullah ibn al-Mubarak, sitten uskonnollinen oppinut Muhammad ibn Aslam at-Tuusi, sitten al-Hasan ibn Sufyan an-Nasawi, Abu Bakr al-Aajurri, Abu Bakr Muhammad ibn Ibrahim al-Asfahaani, ad-Daaraqutni, al-Haakim, Abu Nu'aym, Abu 'Abd ar-Rahman as-Sulami, Abu Sa'd al-Maaliini, Abu 'Uthman as-Saabuni, 'Abdullah ibn Muhammad al-Ansari, Abu Bakr al-Bayhaqi ja lukuisat muut aikaisemmat ja myöhemmät luodut.

Olen pyytänyt Allahilta johdatusta kootakseni neljäkymmentä *hadithia*, seuratakseni näiden merkittävien imaamien

فَقِيهًا عَالِمًا». وَفِي رِوَايَةِ أَبِي الدَّرْدَاءِ: «وَكُنْتُ لَهُ يَوْمَ الْقِيَامَةِ شَافِعًا وَشَهِيدًا». وَفِي رِوَايَةِ ابْنِ عُمَرَ: «كُتِبَ فِي زُمْرَةِ الْعُلَمَاءِ، وَحُشِرَ فِي زُمْرَةِ الشُّهَدَاءِ». وَاتَّفَقَ الْحُفَّاظُ عَلَى أَنَّهُ حَدِيثٌ ضَعِيفٌ وَإِنْ كَثُرَتْ طُرُقُهُ.[1]

وَقَدْ صَنَّفَ الْعُلَمَاءُ فِي هَذَا الْبَابِ مَا لَا يُحْصَى مِنَ الْمُصَنَّفَاتِ، فَأَوَّلُ مَنْ عَلِمْتُهُ صَنَّفَ فِيهِ: عَبْدُ اللَّهِ بْنُ الْمُبَارَكِ، ثُمَّ مُحَمَّدُ بْنُ أَسْلَمَ الطُّوسِيُّ الْعَالِمُ الرَّبَّانِيُّ، ثُمَّ الْحَسَنُ بْنُ سُفْيَانَ النَّسَوِيُّ، وَأَبُو بَكْرٍ الْآجُرِّيُّ، وَأَبُو بَكْرٍ مُحَمَّدُ بْنُ إِبْرَاهِيمَ الْأَصْفَهَانِيُّ، وَالدَّارَقُطْنِيُّ، وَالْحَاكِمُ، وَأَبُو نُعَيْمٍ، وَأَبُو عَبْدِ الرَّحْمَنِ السُّلَمِيُّ، وَأَبُو سَعْدٍ الْمَالِينِيُّ، وَأَبُو عُثْمَانَ الصَّابُونِيُّ، وَعَبْدُ اللَّهِ بْنُ مُحَمَّدٍ الْأَنْصَارِيُّ، وَأَبُو بَكْرٍ الْبَيْهَقِيُّ، وَخَلَائِقُ لَا يُحْصَوْنَ مِنَ الْمُتَقَدِّمِينَ وَالْمُتَأَخِّرِينَ.

وَقَدِ اسْتَخَرْتُ اللَّهَ تَعَالَى فِي جَمْعِ أَرْبَعِينَ حَدِيثًا؛ اقْتِدَاءً بِهَؤُلَاءِ الْأَئِمَّةِ الْأَعْلَامِ، وَحُفَّاظِ الْإِسْلَامِ،

---

[1] Nämä *hadithit* on raportoitu seuraavissa lähteissä seuraavilla maininnoilla:

قال الدارقطني في «العلل» (٦/ ٣٣) بعد أن ذكر طرق الحديث قال «وَكُلُّهَا ضِعَافٌ، وَلَا يَثْبُتُ مِنْهَا شَيْءٌ»، وقال البيهقي في «شعب الايمان» (١٥٩٥ ـ ١٥٩٦) بعد إخراجه إياه: «هَذَا مَتْنٌ مَشْهُورٌ فِيمَا بَيْنَ النَّاسِ، وَلَيْسَ لَهُ إِسْنَادٌ صَحِيحٌ»، وضعفه ابن عبد البر في «جامع بيان العلم وفضله»، وقال ابن حَجَر في «لسان الميزان» (٦/ ٢٣٢) «وَهَذِهِ أَحَادِيثُ مَكْذُوبَةٌ».

Ad-Daraqutni - Allah armahtakoon hänet - sanoi teoksessa al-'Ilal (6/33) mainittuaan *hadithin* kertomaketjut: "- - ja kaikki nämä ovat heikkoja, eikä niistä ole vahvistettu mitään." Al-Bayhaqi sanoi teoksessa *Shu'ab al-iimaan* (1595-1596) tuodessaan kertomaketjut esille: "Tämä teksti on tunnettu ihmisten keskuudessa, mutta sillä ei ole autenttista kertomaketjua." Ibn Abd al-Barr on julistanut sen heikoksi teoksessa *Jami' bayan al-ilm wa fadlih*. Ibn Hajar sanoi teoksessa *Lisan al-miizaan* (6/232): "Nämä *hadithit* ovat valheellisia (luokitelmissaan)."

ja islamin säilyttäjien esimerkkiä. Oppineet ovat yhtä mieltä siitä, että heikkojen *hadithien* mukaan voi toimia, jos ne käsittelevät hyvien tekojen hyveitä[1]. En kuitenkaan tukeudu vain tähän *hadithiin*, vaan hänen (Allahin sanansaattajan ﷺ) lausuntoihinsa, jotka on mainittu autenttisissa *haditheissa*: "**Välittäköön teistä läsnä olevat niille, jotka eivät ole läsnä**" ja hänen ﷺ lausuntonsa: "**Allah valaiskoon häntä, joka kuulee sanani, säilyttää sen ja sitten välittää sen eteenpäin sellaisena kuin hän sen kuuli.**"

Jotkut oppineet ovat koonneet neljäkymmentä *hadithia* uskon perusteista, toiset muista lain osa-alueista, toiset *jihadista*,

وَقَدِ اتَّفَقَ الْعُلَمَاءُ عَلَى جَوَازِ الْعَمَلِ بِالْحَدِيثِ الضَّعِيفِ فِي فَضَائِلِ الْأَعْمَالِ، وَمَعَ هَذَا فَلَيْسَ اعْتِمَادِي عَلَى هَذَا الْحَدِيثِ، بَلْ عَلَى قَوْلِهِ ﷺ فِي الْأَحَادِيثِ الصَّحِيحَةِ: «لِيُبَلِّغِ الشَّاهِدُ مِنْكُمُ الْغَائِبَ»، وَقَوْلِهِ ﷺ: «نَضَّرَ اللَّهُ امْرَأً سَمِعَ مَقَالَتِي فَوَعَاهَا، فَأَدَّاهَا كَمَا سَمِعَهَا».

ثُمَّ مِنَ الْعُلَمَاءِ مَنْ جَمَعَ الْأَرْبَعِينَ فِي أُصُولِ الدِّينِ، وَبَعْضُهُمْ فِي الْفُرُوعِ، وَبَعْضُهُمْ فِي الْجِهَادِ، وَبَعْضُهُمْ فِي الزُّهْدِ، وَبَعْضُهُمْ فِي الْآدَابِ، وَبَعْضُهُمْ فِي الْخُطَبِ، وَكُلُّهَا مَقَاصِدُ

---

[1] Tämä kyseinen an-Nawawin lausunto ei pidä täysin paikkaansa, sillä oppineet eivät ole tästä yksimielisiä. Ash-Shirbiini ibn Faaiq sanoi tästä an-Nawawin lausunnosta:

فِي كَلَامِ الْإِمَامِ النَّوَوِي نَظَرٌ، فَقَدْ نُقِلَ عَنْ أَئِمَّةِ الْجَرْحِ وَالتَّعْدِيلِ وَالْعِلَلِ خِلَافُ ذَلِكَ فَقَالَ ابْنُ الْعَرَبِي فِي تَدْرِيبِ الرَّاوِي (١/ ٣٥١) «لَا يَجُوزُ الْعَمَلُ بِهِ مُطْلَقًا أَيِّ الضَّعِيف».

"Imaami an-Nawawin lausunnossa on tarkasteltavaa, sillä on kerrottu, että *hadithien* autenttisuuden ja vikojen tutkijat ovat sanoneet päinvastoin. Ibn al-Arabi (Abu Bakr ibn al-Arabi al-Maliki) sanoi teoksessaan *Tadrib ar-rawi* (1/351): 'Ei ole sallittua toimia sen (heikon *hadithin*) mukaisesti missään tapauksessa.'"

(Jami' al-ulum wa al-hikam, tahqiq: ash-Shirbiini ibn Faaiq)

Koraanin ja *sunnan* oppineet ovat laatineet ehtoja sille, että heikon *hadithin* mukaan toimimisesta tulisi sallittua. Tavallisen muslimin on hyvä tietää, että hän ei voi tehdä suoraa oletusta ja laittaa heikkoa *hadithia* automaattisesti käytäntöön. On myös huomautettava, että on eri asia toimia kaikkien heikkojen *hadithien* mukaisesti kuin vain sellaisten, joiden teoille on jo muualla toinen autenttinen lähde. Shaykh Abdu-l-Kariim al-Khudair - Allah armahtakoon hänet - mainitsi ehdot sille, että heikon *hadithin* mukaan toimimisesta tulisi sallittua sanoen:

الْأَوَّلُ: أَنْ يَكُونَ الضَّعْفُ غَيْرَ شَدِيدٍ، فَيَخْرُجُ مَنِ انْفَرَدَ مِنَ الْكَذَّابِينَ وَالْمُتَّهَمِينَ بِالْكَذِبِ، وَمَنْ فَحُشَ غَلَطُهُ... الثَّانِي: أَنْ يَكُونَ الضَّعِيفُ مُنْدَرِجًا تَحْتَ أَصْلٍ عَامٍ، فَيَخْرُجُ مَا يُخْتَرَعُ بِحَيْثُ لَا يَكُونُ لَهُ أَصْلٌ مَعْمُولٌ بِهِ أَصْلًا. الثَّالِثُ: أَنْ لَا يَعْتَقِدَ عِنْدَ الْعَمَلِ بِهِ ثُبُوتَهُ، لِئَلَّا يُنْسَبَ إِلَى النَّبِيِّ ﷺ مَا لَمْ يَقُلْهُ، بَلْ يَعْتَقِدُ الِاحْتِيَاطَ. الرَّابِعُ: أَنْ يَكُونَ مَوْضُوعُ الْحَدِيثِ الضَّعِيفِ فِي فَضَائِلِ الْأَعْمَالِ. الْخَامِسُ: أَنْ لَا يُعَارِضَ حَدِيثًا صَحِيحًا. السَّادِسُ: أَنْ لَا يَعْتَقِدَ سُنِّيَّةَ مَا يَدُلُّ عَلَيْهِ.

"1. Heikkouden ei tule olla vakava. Tästä siis sulkeutuvat pois valehtelijat ja valehtelijoiksi epäillyt, jotka ovat yksin (kertojia jossakin kertomaketjun vaiheessa) sekä ne, joilla on paljon virheitä – –.
2. Heikon *hadithin* (aiheen) tulee kuulua yleisen periaatteen alle (joka on jo vahvistettu autenttisista *haditheista*). Tästä siis sulkeutuvat pois sepitykset, joilla ei ole pohjaa, johon toiminta perustuisi.
3. *Hadithia* käytettäessä ei tule uskoa, että se olisi autenttinen, jotta sitä ei vahingossa pidettäisi profeetan ﷺ tuomana lakina. Sen sijaan hän tukeutuu varovaisuuteen.
4. Heikon *hadithin* aiheena tulee olla tekojen hyveellisyys.
5. Heikko *hadith* ei saa olla ristiriidassa autenttisen *hadithin* kanssa.
6. Ei tule uskoa, että *hadithin* osoittama teko on *sunna*."

(Al-Hadith ad-da'if wa-hukm al-ihtijaj bihi 1/275, Abdu-l-Kariim al-Khudairi)

toiset askeettisuudesta, toiset käytöstavoista ja toiset saarnoista. Kaikkissa näissä on hyviä tarkoitusperiä ja Allah olkoon tyytyväinen niihin, jotka niitä tavoittelivat.

Näin tarpeelliseksi koota neljäkymmentä *hadithia*, jotka ovat tärkeämpiä kuin mikään edellä mainituista. Nämä ovat neljäkymmentä *hadithia*, jotka sisältävät kaikki nuo aiheet. Jokainen *hadith* sisältää suuren uskontoon liittyvän periaatteen. Oppineet ovat kuvailleet näitä (*haditheja*) siten, että ne muodostavat islamin perustan, tai ne ovat puolet tai kolmasosa islamista tai jotain vastaavaa.

Sitoudun noudattamaan (näiden *hadithien* valitsemisessa), että nämä neljäkymmentä *hadithia* ovat autenttisia tai suurin osa niistä ovat kahdessa autenttisessa – al-Bukharin ja Muslimin kokoelmissa. Mainitsen ne ilman kertomaketjuja, jotta niiden ulkoaopettelu olisi helppoa ja hyödyllistä, jos Allah – Korkein – suo. Liitän niihin myös osion niiden epäselkeiden sanojen selventämiseksi.

Jokaisen, joka toivoo (menestyksekästä) tuonpuoleista, tulisi tietää nämä *hadithit*, koska ne sisältävät tärkeitä perusteita ja antavat huomiota kaikille kuuliaisuuden muodoille. Tämä on ilmeistä niille, jotka pohdiskelevat niitä.

Ja tukeudun Allahiin, Hänelle luovutan asiani ja Häneen turvaudun. Hänelle kuuluvat kaikki kiitokset, kunnia ja siunaukset. Menestys ja suoja on vain Hänen ansiostaan.

صَالِحَةٌ رَضِيَ اللَّهُ عَنْ قَاصِدِيهَا.

وَقَدْ رَأَيْتُ جَمْعَ أَرْبَعِينَ أَهَمَّ مِنْ هَذَا كُلِّهِ؛ وَهِيَ أَرْبَعُونَ حَدِيثًا مُشْتَمِلَةً عَلَى جَمِيعِ ذَلِكَ، وَكُلُّ حَدِيثٍ مِنْهَا قَاعِدَةٌ عَظِيمَةٌ مِنْ قَوَاعِدِ الدِّينِ، وَقَدْ وَصَفَهُ الْعُلَمَاءُ بِأَنَّ مَدَارَ الْإِسْلَامِ عَلَيْهِ أَوْ هُوَ نِصْفُ الْإِسْلَامِ أَوْ ثُلْثُهُ أَوْ نَحْوُ ذَلِكَ.

ثُمَّ الْتَزَمْتُ فِي هَذِهِ الْأَرْبَعِينَ أَنْ تَكُونَ صَحِيحَةً وَمُعْظَمُهَا فِي «صَحِيحَيِ الْبُخَارِي وَمُسْلِمٍ»، وَأَذْكُرُهَا مَحْذُوفَةَ الْأَسَانِيدِ؛ لِيَسْهُلَ حِفْظُهَا وَيَعُمَّ الِانْتِفَاعُ بِهَا إِنْ شَاءَ اللَّهُ تَعَالَى، ثُمَّ أُتْبِعُهَا بِبَابٍ فِي ضَبْطِ خَفِيِّ أَلْفَاظِهَا.

وَيَنْبَغِي لِكُلِّ رَاغِبٍ فِي الْآخِرَةِ أَنْ يَعْرِفَ هَذِهِ الْأَحَادِيثَ؛ لِمَا اشْتَمَلَتْ عَلَيْهِ مِنَ الْمُهِمَّاتِ، وَاحْتَوَتْ عَلَيْهِ مِنَ التَّنْبِيهِ عَلَى جَمِيعِ الطَّاعَاتِ، وَذَلِكَ ظَاهِرٌ لِمَنْ تَدَبَّرَهُ.

وَعَلَى اللَّهِ اعْتِمَادِي، وَإِلَيْهِ تَفْوِيضِي وَاسْتِنَادِي، وَلَهُ الْحَمْدُ وَالنِّعْمَةُ، وَبِهِ التَّوْفِيقُ وَالْعِصْمَةُ.

1. hadith: Teot arvioidaan aikomuksen mukaan

الحَدِيثُ الأَوَّلُ: الأَعْمَالُ بِالنِّيَّاتِ

Uskovaisten johtajalta Abu Hafs Umar ibn al-Khattabilta - Allah olkoon tyytyväinen häneen - on raportoitu, että hän sanoi: "Kuulin Allahin sanansaattajan ﷺ sanovan:

عَنْ أَمِيرِ المُؤْمِنِينَ، أَبِي حَفْصٍ ـ عُمَرَ بْنِ الخَطَّابِ ـ رَضِيَ اللهُ عَنْهُ ـ قَالَ: سَمِعْتُ رَسُولَ اللهِ ﷺ يَقُولُ:

'Teot arvioidaan aikomuksen perusteella ja jokainen tullaan palkitsemaan hänen aikomuksensa mukaisesti. Täten hänen muuttonsa[1], joka muutti Allahin ja Hänen sanansaattajansa ﷺ vuoksi, on tehty Allahin ja Hänen sanansaattajansa ﷺ vuoksi. Ja hän, jonka muutto oli tehty maallisen hyödyn vuoksi tai naisen vuoksi, jonka kanssa hän voisi mennä naimisiin - hänen muuttonsa on sen arvoinen (palkkiossa), minkä vuoksi hän muutti.'"

«إِنَّمَا الأَعْمَالُ بِالنِّيَّاتِ وَإِنَّمَا لِكُلِّ امْرِئٍ مَا نَوَى، فَمَنْ كَانَتْ هِجْرَتُهُ إِلَى اللهِ وَرَسُولِهِ، فَهِجْرَتُهُ إِلَى اللهِ وَرَسُولِهِ، وَمَنْ كَانَتْ هِجْرَتُهُ لِدُنْيَا يُصِيبُهَا أَوِ امْرَأَةٍ يَنْكِحُهَا، فَهِجْرَتُهُ إِلَى مَا هَاجَرَ إِلَيْهِ»

Tämän (hadithin) raportoi kaksi hadith-oppineiden imaamia: (1) Abu Abdillah Muhammad ibn Ismaiil ibn Ibrahim ibn ul-Mughiira ibn Bardizbah al-Bukhari sekä (2) Abu al-Husayn Muslim ibn al-Hajjaaj ibn Muslim al-Qushayri an-Naysaabuuri heidän kahdessa autenttisessaan (Sahih al-Bukhari 1 ja Sahih Muslim 1907), jotka ovat autenttisimmat kirjoitetuista (hadith-alan) kirjoista.

رَوَاهُ إِمَامَا المُحَدِّثِينَ أَبُو عَبْدِ اللهِ مُحَمَّدُ بْنُ إِسْمَاعِيلَ بْنِ إِبْرَاهِيمَ بْنِ المُغِيرَةِ بْنِ بَرْدِزْبَةَ البُخَارِيُّ، وَأَبُو الحُسَيْنِ مُسْلِمُ بْنُ الحَجَّاجِ بْنِ مُسْلِمٍ القُشَيْرِيُّ النَّيْسَابُورِيُّ فِي «صَحِيحَيْهِمَا» اللَّذَيْنِ هُمَا أَصَحُّ الكُتُبِ المُصَنَّفَةِ.

2. hadith: Islam, usko ja erinomaisuus

الحَدِيثُ الثَّانِي: الإِسْلَامُ وَالإِيمَانُ وَالإِحْسَانُ

Umarilta - Allah olkoon tyytyväinen häneen - on myös raportoitu, että hän sanoi: "Kun me olimme istumassa eräänä päivänä Allahin sanansaattajan ﷺ kanssa, luoksemme tuli mies, joka oli pukeutunut

عَنْ عُمَرَ رَضِيَ اللهُ عَنْهُ ـ أَيْضًا ـ قَالَ: «بَيْنَمَا نَحْنُ عِنْدَ رَسُولِ اللهِ ﷺ ذَاتَ يَوْمٍ، إِذْ طَلَعَ عَلَيْنَا رَجُلٌ شَدِيدُ بَيَاضِ الثِّيَابِ، شَدِيدُ سَوَادِ

---

[1] Hijra: kun muslimit saivat käskyn muuttaa Mekasta Medinaan.

108

erittäin valkoisiin vaatteisiin ja hänellä oli todella mustat hiukset. Hänessä ei näkynyt mitään matkustuksen jälkeä eikä kukaan meistä tuntenut häntä. Hän istui alas lähelle profeettaa ﷺ, lepäsi polvillaan profeetan ﷺ polvien eteen ja asetti kätensä hänen ﷺ reisilleen ja sanoi: 'Oi Muhammad, kerro minulle islamista.' Allahin sanansaattaja ﷺ vastasi:

Islam on sitä, että todistat, ettei ole muuta palvomisen arvoista jumalaa kuin Allah ja Muhammad on Hänen sanan-saattajansa ja suoritat rukoukset, annat almuveron, paastoat *ramadanin* **(kuukauden) ja suoritat pyhiinvaelluksen taloon** (eli Ka'baan, Mekkaan)**, jos kykenet ottamaan sen tien** (taloudellisesti ja fyysisesti)**.'**

Hän (mies) sanoi: 'Olet puhunut totta.'" (Umar) sanoi: "Me olimme ihmeissämme hänen kyselystään profeetalle ﷺ ja siitä, että hän kertoi hänen (eli profeetan ﷺ) olevan oikeassa. (Sitten) hän (eli tämä mies) sanoi: 'Kerro minulle uskosta (*al-iimaanista*).' Hän ﷺ vastasi:

'Usko on sitä, että uskot Allahiin, Hänen enkeleihinsä, Hänen kirjoihinsa, Hänen sanansaattajiinsa, viimeiseen päivään ja kohtaloon – sen hyvään ja sen pahaan[1]'.

Hän (mies) sanoi: 'Olet puhunut totta'.

الشَّعْرِ، لَا يُرَى عَلَيْهِ أَثَرُ السَّفَرِ، وَلَا يَعْرِفُهُ مِنَّا أَحَدٌ، حَتَّى جَلَسَ إِلَى النَّبِيِّ ﷺ، فَأَسْنَدَ رُكْبَتَيْهِ إِلَى رُكْبَتَيْهِ، وَوَضَعَ كَفَّيْهِ عَلَى فَخِذَيْهِ، وَقَالَ: يَا مُحَمَّدُ، أَخْبِرْنِي عَنِ الْإِسْلَامِ، فَقَالَ رَسُولُ اللَّهِ ﷺ:

«الْإِسْلَامُ: أَنْ تَشْهَدَ أَنْ لَا إِلَهَ إِلَّا اللَّهُ، وَأَنَّ مُحَمَّدًا رَسُولُ اللَّهِ، وَتُقِيمَ الصَّلَاةَ، وَتُؤْتِيَ الزَّكَاةَ، وَتَصُومَ رَمَضَانَ، وَتَحُجَّ الْبَيْتَ إِنِ اسْتَطَعْتَ إِلَيْهِ سَبِيلًا».

قَالَ: صَدَقْتَ، قَالَ: فَعَجِبْنَا لَهُ يَسْأَلُهُ وَيُصَدِّقُهُ. قَالَ: فَأَخْبِرْنِي عَنِ الْإِيمَانِ. قَالَ:

«أَنْ تُؤْمِنَ بِاللَّهِ، وَمَلَائِكَتِهِ، وَكُتُبِهِ، وَرُسُلِهِ، وَالْيَوْمِ الْآخِرِ، وَتُؤْمِنَ بِالْقَدَرِ خَيْرِهِ وَشَرِّهِ».

قَالَ: صَدَقْتَ. قَالَ: فَأَخْبِرْنِي عَنِ الْإِحْسَانِ، قَالَ:

«أَنْ تَعْبُدَ اللَّهَ كَأَنَّكَ تَرَاهُ، فَإِنْ لَمْ تَكُنْ تَرَاهُ، فَإِنَّهُ يَرَاكَ».

قَالَ: فَأَخْبِرْنِي عَنِ السَّاعَةِ؟ قَالَ:

---

[1] Jokaisessa pahassa tapahtumassa on viisaus takana ja jokin hyvä seuraus, joka siitä aiheutuu. Pahuus ei ole Allahin teoista, vaan sitä tapahtuu Hänen luotujensa keskuudessa ja Allah sallii pahuuden tapahtua siitä seuraavan hyvän ja viisauden takia, vaikka ihmiset eivät näkisi sitä (ks. *al-Qawl al-mufiid 'alaa kitaab at-tawhiid*). Uskovainen siis muistaa tämän onnettomuudenkin aikana, eikä hän vaivu epätoivoon, vaikka hän tuntisi surua. Jokaisessa tilanteessa on vähintään jokin opetus takana tai tilaisuus kääntyä Allahin puoleen. Joskus onnettomuus voi muuttaa ihmisen elämän parempaan suuntaan, jos hän osaa asennoitua siihen oikein. Monelle onnettomuus on myös herätys palata Allahin tielle. Tässä on myös syytä muistuttaa, että Allah sanoi:

﴾إِنَّ رَبَّكَ عَلِيمٌ حَكِيمٌ﴿

"Totisesti, Valtiaasi on Kaikkitietävä, Viisain." (12:6)

Sitten hän sanoi: 'Kerro minulle erinomaisuudesta (al-ihsaanista).' Hän ﷺ vastasi:

'Se on sitä, että palvot Allahia kuin näkisit Hänet ja vaikka et näe Häntä, niin (tiedostat)**, että Hän näkee sinut.'**

Hän (mies) sanoi: 'Kerro minulle (viimeisestä) tunnista.' Hän ﷺ vastasi:

'Hän, jolta kysytään, ei tiedä sen enempää kuin kysyjä.'

Joten hän (mies) sanoi: 'Kerro minulle (viimeisen päivän lähestymisen) merkeistä'. Hän ﷺ vastasi:

'Orjatyttö tulee synnyttämään hänen emäntänsä ja tulet näkemään paljasjalkaisten, alastomien, rutiköyhien paimenten kilpailevan korkeiden rakennusten rakentamisesta.'"

Hän (eli Umar) sanoi: "Sitten mies lähti. Odotin hetken ja sitten profeetta ﷺ sanoi minulle:

'Oi Umar, tiedätkö kuka tuo kysyjä oli?'

Vastasin: 'Allah ja Hänen sanansaattajansa tietävät parhaiten.' Hän ﷺ sanoi:

'Tuo oli (enkeli) **Jibril. Hän tuli teidän luoksenne opettamaan teille teidän uskontoanne.'"**

Tämän raportoi Muslim (8).

رَسُولُ اللَّهِ، وَتُقِيمَ الصَّلَاةَ، وَتُؤْتِيَ الزَّكَاةَ، وَتَصُومَ رَمَضَانَ، وَتَحُجَّ الْبَيْتَ إِنِ اسْتَطَعْتَ إِلَيْهِ سَبِيلًا».

قَالَ: صَدَقْتَ، قَالَ: فَعَجِبْنَا لَهُ يَسْأَلُهُ وَيُصَدِّقُهُ. قَالَ: فَأَخْبِرْنِي عَنِ الْإِيمَانِ. قَالَ:

«أَنْ تُؤْمِنَ بِاللَّهِ، وَمَلَائِكَتِهِ، وَكُتُبِهِ، وَرُسُلِهِ، وَالْيَوْمِ الْآخِرِ، وَتُؤْمِنَ بِالْقَدَرِ خَيْرِهِ وَشَرِّهِ».

قَالَ: صَدَقْتَ. قَالَ: فَأَخْبِرْنِي عَنِ الْإِحْسَانِ، قَالَ:

«أَنْ تَعْبُدَ اللَّهَ كَأَنَّكَ تَرَاهُ، فَإِنْ لَمْ تَكُنْ تَرَاهُ، فَإِنَّهُ يَرَاكَ».

قَالَ: فَأَخْبِرْنِي عَنِ السَّاعَةِ؟ قَالَ:

«مَا الْمَسْؤُولُ عَنْهَا بِأَعْلَمَ مِنَ السَّائِلِ».

قَالَ: فَأَخْبِرْنِي عَنْ أَمَارَتِهَا؟ قَالَ:

«أَنْ تَلِدَ الْأَمَةُ رَبَّتَهَا، وَأَنْ تَرَى الْحُفَاةَ الْعُرَاةَ الْعَالَةَ رِعَاءَ الشَّاءِ يَتَطَاوَلُونَ فِي الْبُنْيَانِ»،

قال ثُمَّ انْطَلَقَ، فَلَبِثْتُ مَلِيًّا، ثُمَّ قَالَ لِي:

"يَا عُمَرُ، أَتَدْرِي مَنِ السَّائِلُ؟

قُلْتُ: اللَّهُ وَرَسُولُهُ أَعْلَمُ. قَالَ:

"فَإِنَّهُ جِبْرِيلُ أَتَاكُمْ يُعَلِّمُكُمْ دِينَكُمْ."

رَوَاهُ مُسْلِمٌ (٨).

3. hadith: Islamin pilarit

Abu Abdur-Rahmaan Abdullah - Umar ibn al-Khattabin poika, Allah olkoon tyytyväinen heihin[1], sanoi: "Kuulin Allahin sanansaattajan ﷺ sanovan:

'Islam rakentuu viidestä (pilarista): (1) todistaminen, ettei ole muuta palvomisen arvoista jumalaa kuin Allah ja että Muhammad on hänen palvelijansa ja sanansaattajansa, (2) rukousten suorittaminen, (3) almuveron antaminen, (4) pyhiinvaelluksen suorittaminen taloon (5) ja *ramadanin* paastoaminen.'"

Tämän raportoi al-Bukhari (8) ja Muslim (16).

الْحَدِيثُ الثَّالِثُ: أَرْكَانُ الإِسْلَامِ

عَنْ أَبِي عَبْدِ الرَّحْمَنِ، عَبْدِ اللَّهِ بْنِ عُمَرَ بْنِ الْخَطَّابِ ـ رَضِيَ اللَّهُ عَنْهُمَا ـ قَالَ: سَمِعْتُ رَسُولَ اللَّهِ ﷺ يَقُولُ:

«بُنِيَ الإِسْلَامُ عَلَى خَمْسٍ: شَهَادَةِ أَنْ لَا إِلَهَ إِلَّا اللَّهُ، وَأَنَّ مُحَمَّدًا عَبْدُهُ وَرَسُولُهُ، وَإِقَامِ الصَّلَاةِ، وَإِيتَاءِ الزَّكَاةِ، وَحَجِّ الْبَيْتِ، وَصَوْمِ رَمَضَانَ»،

رَوَاهُ الْبُخَارِيُّ (٨)، وَمُسْلِمٌ (١٦).

4. hadith: Kohtalo

Abu 'Abdur-Rahman 'Abdullah ibn Mas'uud - Allah olkoon tyytyväinen häneen - sanoi, että Allahin sanansaattaja ﷺ kertoi meille - ja hän on totuudenmukainen ja totuudenmukaiseksi vahvistettu:

"Totisesti jokainen teistä on luotu äitinsä kohdussa (ensin) neljänkymmenen päivän ajan, sitten (sikiötä luodaan) saman ajanjakson ajan sen ollessa hyytynyttä verta, sitten saman ajanjakson verran sen ollessa 'lihanpalasena', jonka jälkeen Allah lähettää sen luokse enkelin, joka puhaltaa siihen (ihmisen) sielun. Ja silloin (enkeliä) käsketään neljään asiaan: (1) kirjoittamaan ylös hänen (ihmisen) toimeentulonsa ja siunauksensa (*rizq*), (2) hänen elinaikansa, (3) hänen tekonsa ja (4) sen, että tuleeko hän olemaan onnellinen vai onneton (eli tuleeko hän pääsemään paratiisiin vai ei).

الْحَدِيثُ الرَّابِعُ: الْقَضَاءُ وَالْقَدَرُ

عَنْ أَبِي عَبْدِ الرَّحْمَنِ، عَبْدِ اللَّهِ بْنِ مَسْعُودٍ ـ رَضِيَ اللَّهُ عَنْهُ ـ قَالَ: حَدَّثَنَا رَسُولُ اللَّهِ ﷺ وَهُوَ الصَّادِقُ الْمَصْدُوقُ:

«إِنَّ أَحَدَكُمْ يُجْمَعُ خَلْقُهُ فِي بَطْنِ أُمِّهِ أَرْبَعِينَ يَوْمًا، ثُمَّ يَكُونُ عَلَقَةً مِثْلَ ذَلِكَ، ثُمَّ يَكُونُ مُضْغَةً مِثْلَ ذَلِكَ، ثُمَّ يُرْسِلُ اللَّهُ إِلَيْهِ الْمَلَكَ، فَيَنْفُخُ فِيهِ الرُّوحَ وَيُؤْمَرُ بِأَرْبَعِ كَلِمَاتٍ: بِكَتْبِ رِزْقِهِ وَأَجَلِهِ وَعَمَلِهِ وَشَقِيٌّ أَوْ سَعِيدٌ.

فَوَاللَّهِ الَّذِي لَا إِلَهَ غَيْرُهُ إِنَّ أَحَدَكُمْ لَيَعْمَلُ بِعَمَلِ أَهْلِ الْجَنَّةِ حَتَّى مَا يَكُونُ بَيْنَهُ وَبَيْنَهَا إِلَّا ذِرَاعٌ، فَيَسْبِقُ عَلَيْهِ الْكِتَابُ فَيَعْمَلُ بِعَمَلِ أَهْلِ النَّارِ فَيَدْخُلُهَا،

---

[1] Tässä käännöksessä, aivan kuin an-Nawawin tekstissäkin on käytetty heihin-sanaa kohdissa, joissa raportoijan nimi sisältää kaksi eri uskovaista seuralaista, kuten Abdullah *ibn* Umar eli Abdullah, joka oli Umarin poika.

Joten kautta Allahin, jonka lisäksi ei ole muuta (palvomisen arvoista) **jumalaa**, totisesti joku teistä suorittaa paratiisin ihmisten tekoja, kunnes hänen ja sen välillä ei ole kuin kyynärmitta. **Mutta sitten se, mitä hänelle on kirjoitettu valloittaa hänet, ja hän tekee helvetin tulen ihmisten tekoja (omasta tahdostaan), joten hän tulee astumaan sinne.**

Ja totisesti, joku teistä tekee helvetin tulen ihmisten tekoja, kunnes hänen ja sen välillä on vain kyynärmitta. Sitten se, mitä on kirjoitettu hänelle valloittaa hänet[1], ja hän tekee paratiisin ihmisten tekoja, joten hän tulee astumaan sinne."[2]

Tämän raportoi al-Bukhari (3208) ja Muslim (2643).

وَإِنَّ أَحَدَكُمْ لَيَعْمَلُ بِعَمَلِ أَهْلِ النَّارِ حَتَّى مَا يَكُونُ بَيْنَهُ وَبَيْنَهَا إِلَّا ذِرَاعٌ، فَيَسْبِقُ عَلَيْهِ الْكِتَابُ فَيَعْمَلُ بِعَمَلِ أَهْلِ الْجَنَّةِ فَيَدْخُلُهَا»

رَوَاهُ الْبُخَارِيُّ (٣٢٠٨)، وَمُسْلِمٌ (٢٦٤٣).

5. hadith: Innovaatio uskonnossa

الْحَدِيثُ الْخَامِسُ: الْبِدْعَةُ فِي الدِّينِ

Uskovaisten äidiltä Umm Abdillah Aishalta – Allah olkoon tyytyväinen häneen - on raportoitu, että hän sanoi, että Allahin sanansaattaja ﷺ sanoi:

"**Hän, joka tekee jonkun uudistuksen (bid'ah) meidän asiaamme (eli islamiin), joka ei ole siitä lähtöisin, tulee saamaan sen hylätyksi (eli Allah ei hyväksy sitä tekoa).**"

Tämän raportoi al-Bukhari (2697) ja Muslim (1718). Ja eräässä Muslimin raportissa (profeetta ﷺ sanoi):

"**Hän, joka tekee teon, joka ei ole meidän asiamme mukainen, tulee saamaan sen hylätyksi.**"

عَنْ أُمِّ الْمُؤْمِنِينَ، أُمِّ عَبْدِ اللَّهِ، عَائِشَةَ – رَضِيَ اللَّهُ عَنْهَا – قَالَتْ: قَالَ رَسُولُ اللَّهِ ﷺ:

«مَنْ أَحْدَثَ فِي أَمْرِنَا هَذَا مَا لَيْسَ مِنْهُ فَهُوَ رَدٌّ»

رَوَاهُ الْبُخَارِيُّ (٢٦٩٧)، وَمُسْلِمٌ (١٧١٨). وَفِي رِوَايَةٍ لِمُسْلِمٍ:

«مَنْ عَمِلَ عَمَلًا لَيْسَ عَلَيْهِ أَمْرُنَا فَهُوَ رَدٌّ».

---

[1] Eli hän tekee katumuksen, jos hän oli jo muslimi, tai tulee muslimiksi, jos hän oli epäuskovainen. Tämän jälkeen hän tekee valinnan alkaa toimimaan paratiisin ihmisten tekojen mukaisesti.

[2] Tämä hadith ei viittaa siihen, etteikö ihminen olisi itse hän, jolla on vapaa tahto toimia omien päätöstensä mukaisesti, vaan

siihen, että Allah tietää jo etukäteen, mitä henkilö tulee tekemään tässä maailmassa. Omien tekojemme avulla voimme vaikuttaa siihen, antaako Allah meille johdatusta ja apua. Tähän tietenkin vaikuttaa johdatuksen pyytäminen Allahilta, kuten resitoimme *suurah al-Faatihassa*:

$$﴿ٱهْدِنَا ٱلصِّرَٰطَ ٱلْمُسْتَقِيمَ﴾$$

"Johdata meitä oikealle tielle." (1:6)

Ja Allah, Korkein, sanoi:

$$﴿ذَٰلِكَ بِأَنَّ ٱللَّهَ لَمْ يَكُ مُغَيِّرًا نِّعْمَةً أَنْعَمَهَا عَلَىٰ قَوْمٍ حَتَّىٰ يُغَيِّرُوا۟ مَا بِأَنفُسِهِمْ﴾$$

"Näin on, koska Allah ei suo siunausta ihmisten ylle, kunnes he vaihtavat, mitä on heidän sisällään." (8:53)

Ja Hän sanoi:

$$﴿إِنَّ ٱللَّهَ لَا يُغَيِّرُ مَا بِقَوْمٍ حَتَّىٰ يُغَيِّرُوا۟ مَا بِأَنفُسِهِمْ﴾$$

"Totisesti, Allah ei vaihda ihmisten tilaa, kunnes he vaihtavat sen, mitä on heidän sisällään." (13:11)

Ja Hän sanoi:

$$﴿وَأَن لَّيْسَ لِلْإِنسَٰنِ إِلَّا مَا سَعَىٰ﴾$$

"Ja totisesti, ei ole ihmiselle muuta kuin sitä, minkä eteen hän tekee työtä." (53:39)

Ja Hän sanoi:

$$﴿مَّنْ عَمِلَ صَٰلِحًا فَلِنَفْسِهِ وَمَنْ أَسَآءَ فَعَلَيْهَا وَمَا رَبُّكَ بِظَلَّٰمٍ لِّلْعَبِيدِ﴾$$

"Kuka ikinä tekee hyvää, hänelle se koituu (hänen oman sielunsa) hyväksi ja kuka ikinä tekee pahaa, hänelle se koituu (hänen oman sielunsa) vahingoksi. Ja Valtiaasi ei tee (koskaan) vääryyttä palvelijoille." (41:46)

Abu Dharr - Allah olkoon tyytyväinen häneen - raportoi, että profeetta ﷺ sanoi, että Allah sanoi:

$$يَا عِبَادِي إِنَّمَا هِيَ أَعْمَالُكُمْ أُحْصِيهَا لَكُمْ ثُمَّ أُوَفِّيكُمْ إِيَّاهَا فَمَنْ وَجَدَ خَيْرًا فَلْيَحْمَدِ اللَّهَ وَمَنْ وَجَدَ غَيْرَ ذَلِكَ فَلَا يَلُومَنَّ إِلَّا نَفْسَهُ.$$

"Oi Minun palvelijani, ne ovat vain teidän tekonne, jotka lasken teille ja sitten hyvitän ne teille, joten ylistäköön hän Allahia, joka löytää hyvää. Ja joka löytää muuta, olkoon hän syyttämättä ketään muuta kuin itseään."

(Sahih Muslim 2577)

Ja Allah sanoi:

$$﴿وَمَآ أَصَٰبَكُم مِّن مُّصِيبَةٍ فَبِمَا كَسَبَتْ أَيْدِيكُمْ وَيَعْفُوا۟ عَن كَثِيرٍ﴾$$

"Ja mikä vastoinkäyminen teitä ikinä kohtaa, se on teidän omien käsienne ansiosta ja Hän antaa monta (tekoa) anteeksi." (42:30)

Ja Hän sanoi:

$$﴿وَلَوْ يُؤَاخِذُ ٱللَّهُ ٱلنَّاسَ بِمَا كَسَبُوا۟ مَا تَرَكَ عَلَىٰ ظَهْرِهَا مِن دَآبَّةٍ﴾$$

"Ja jos Allah rankaisisi ihmisiä sen mukaan, mitä he ansaitsevat, Hän ei jättäisi ainuttakaan liikkuvaa olentoa maan päälle." (35:45)

Ja Hän sanoi:

$$﴿فَمَن شَآءَ فَلْيُؤْمِن وَمَن شَآءَ فَلْيَكْفُرْ﴾$$

"Joten kuka ikinä tahtoo (uskoa), niin uskokoon, ja kuka ikinä tahtoo (epäuskoa), niin epäuskokoon." (18:29)

Ja Hän sanoi:

$$﴿يَوْمَئِذٍ يَصْدُرُ ٱلنَّاسُ أَشْتَاتًا لِّيُرَوْا۟ أَعْمَٰلَهُمْ﴾$$

"Sinä päivänä ihmiset tullaan jakamaan (kategorioihin), jotta heille näytetään heidän tekonsa,

joten kuka ikinä tekee atominkin verran hyvää, tulee näkemään sen.

$$\langle\langle فَمَنْ يَعْمَلْ مِثْقَالَ ذَرَّةٍ خَيْرًا يَرَهُ \rangle\rangle$$

Ja kuka ikinä tekee atominkin verran pahaa, tulee näkemään sen." (99:6-8)

$$\langle\langle وَمَنْ يَعْمَلْ مِثْقَالَ ذَرَّةٍ شَرًّا يَرَهُ \rangle\rangle$$

Ja Hän sanoi:

$$\langle\langle وَمَنْ يَتَّقِ اللَّهَ يَجْعَلْ لَهُ مَخْرَجًا \rangle\rangle$$

"Ja kellä tahansa on tietoisuutta (taqwaa) Allahia kohtaan, Allah tulee tekemään hänelle tien ulos

$$\langle\langle وَيَرْزُقْهُ مِنْ حَيْثُ لَا يَحْتَسِبُ \rangle\rangle$$

ja antamaan hänelle elantoa ja siunauksia (rizq) sieltä, mistä hän ei olettanut." (65:2-3)

Oppineet sanovat, että silloin, kun nämä neljä asiaa kirjoitetaan ihmisen ollessa kohdussa, enkeli asettaa niihin Allahin luvalla ehdot. Jos henkilö tulee toimimaan tietyllä käytöksellä, niin hänelle annettu hyvä tulee kasvamaan.

114

6. hadith: Sallittu ja kielletty on selvää

Abu Abdullah an-Nu'man ibn Bashiirilta - Allah olkoon tyytyväinen heihin - on raportoitu, että hän sanoi: "Kuulin Allahin sanansaattajan ﷺ sanovan:

'Totisesti se, mikä on sallittua on selvää ja se, mikä on kiellettyä on selvää ja näiden kahden välissä on kyseenalaisia asioita, joista monet ihmisistä eivät tiedä.

Täten, kuka ikinä välttää kyseenalaisia asioita, pitää uskontonsa ja kunniansa puhtaana. Mutta hän, joka lankeaa kyseenalaisiin asioihin, lankeaa kiellettyyn kuin paimen, joka vie karjansa laitumelle pyhäkön ympärille ja on lähellä päätyä sinne (kielletylle alueelle).

Totisesti, joka kuninkaalla on pyhäkkönsä ja totisesti Allahin pyhäkkö on Hänen kieltonsa. Totisesti, kehossa on pala lihaa. Jos se on terve, koko keho on terve ja jos se on turmeltunut, niin koko keho on turmeltunut. Totisesti, se on sydän.'"

Tämän raportoi al-Bukhari (52) ja Muslim (1599).

الحَدِيثُ السَّادِسُ: الحَلَالُ بَيِّنٌ والحَرَامُ بَيِّنٌ

عَنْ أَبِي عَبْدِ اللَّهِ، النُّعْمَانِ بْنِ بَشِيرٍ – رَضِيَ اللَّهُ عَنْهُمَا – قَالَ: سَمِعْتُ رَسُولَ اللَّهِ ﷺ يَقُولُ:

«إِنَّ الْحَلَالَ بَيِّنٌ وَإِنَّ الْحَرَامَ بَيِّنٌ، وَبَيْنَهُمَا مُشْتَبِهَاتٌ، لَا يَعْلَمُهُنَّ كَثِيرٌ مِنَ النَّاسِ،

فَمَنِ اتَّقَى الشُّبُهَاتِ اسْتَبْرَأَ لِدِينِهِ وَعِرْضِهِ، وَمَنْ وَقَعَ فِي الشُّبُهَاتِ وَقَعَ فِي الْحَرَامِ، كَالرَّاعِي يَرْعَى حَوْلَ الْحِمَى يُوشِكُ أَنْ يَرْتَعَ فِيهِ،

أَلَا وَإِنَّ لِكُلِّ مَلِكٍ حِمًى، أَلَا وَإِنَّ حِمَى اللَّهِ مَحَارِمُهُ، أَلَا وَإِنَّ فِي الْجَسَدِ مُضْغَةً إِذَا صَلَحَتْ صَلَحَ الْجَسَدُ كُلُّهُ، وَإِذَا فَسَدَتْ فَسَدَ الْجَسَدُ كُلُّهُ، أَلَا وَهِيَ الْقَلْبُ»

رَوَاهُ الْبُخَارِيُّ (٥٢)، وَمُسْلِمٌ (١٥٩٩).

7. hadith: Uskonto on vilpittömyyttä

Abu Ruqayyah Tamiim ibn Aus ad-Daariilta - Allah olkoon tyytyväinen häneen - on raportoitu, että profeetta ﷺ sanoi:

"Uskonto on *nasiihaa* (vilpittömyyttä / neuvoa)."

الحَدِيثُ السَّابِعُ: الدِّينُ النَّصِيحَةُ

عَنْ أَبِي رُقَيَّةَ، تَمِيمِ بْنِ أَوْسٍ الدَّارِيِّ – رَضِيَ اللهُ عَنْهُ – أَنَّ النَّبِيَّ ﷺ قَالَ:

«الدِّينُ النَّصِيحَةُ»

115

Me sanoimme: "Kenelle?" Hän 🕮 sanoi:

"Allahille[1], Hänen kirjalleen[2] ja Hänen lähettiläälleen[3] ja muslimien johtajille sekä tavallisille muslimeille[4]."

Tämän raportoi Muslim (55).

قُلْنَا: لِمَنْ؟ قَالَ:

«لِلَّهِ وَلِكِتَابِهِ وَلِرَسُولِهِ وَلِأَئِمَّةِ الْمُسْلِمِينَ وَعَامَّتِهِمْ»

رَوَاهُ مُسْلِمٌ (٥٥).

8. hadith: Kamppailu Allahin tiellä

الْحَدِيثُ الثَّامِنُ: الْجِهَادُ فِي سَبِيلِ اللَّهِ

Abdullah ibn Umarilta - Allah olkoon tyytyväinen heihin - on raportoitu, että Allahin sanansaattaja 🕮 sanoi:

عَنْ عَبْدِ اللَّهِ بْنِ عُمَرَ - رَضِيَ اللهُ عَنْهُمَا - أَنَّ رَسُولَ اللَّهِ 🕮 قَالَ:

"Minut on lähetetty taistelemaan ihmisiä vastaan (jotka riistävät uskonnon vapautta, eivät salli sen jakamista ja vainoavat uskovaisia), kunnes he (jotka tahtovat[5]) todistavat, ettei ole muuta palvomisen arvoista jumalaa kuin Allah ja Muhammad on Allahin sanansaattaja. Ja kunnes he (eli muslimit heistä) suorittavat rukoukset ja antavat almuveron.

Ja jos he tekevät sen, niin he ovat saaneet minulta suojan heidän elämälleen ja omaisuudelleen paitsi, jos he rikkovat oikeuksia islamissa[6] ja heidän tuomionsa kuuluu Allahille." [7]

Tämän raportoi al-Bukhari (25) ja Muslim (21).

«أُمِرْتُ أَنْ أُقَاتِلَ النَّاسَ حَتَّى يَشْهَدُوا أَنْ لَا إِلَهَ إِلَّا اللَّهُ، وَأَنَّ مُحَمَّدًا رَسُولُ اللَّهِ، وَيُقِيمُوا الصَّلَاةَ، وَيُؤْتُوا الزَّكَاةَ،

فَإِذَا فَعَلُوا ذَلِكَ، عَصَمُوا مِنِّي دِمَاءَهُمْ وَأَمْوَالَهُمْ، إِلَّا بِحَقِّ الْإِسْلَامِ، وَحِسَابُهُمْ عَلَى اللَّهِ تَعَالَى»

رَوَاهُ الْبُخَارِيُّ (٢٥)، وَمُسْلِمٌ (٢٢).

[وَفِي رِوَايَةٍ أُخْرَى، ثُمَّ قَرَأَ النَّبِيُّ 🕮 هَذِهِ الْآيَةَ:

---

[1] Eli Allahin luokse, joka tarkoittaa Allahin rajojen suojelemista, tekemällä sitä, mitä Allah on määrännyt, niistä asioista kaukana pysymistä, joita Allah on kieltänyt, Hänen uskontonsa puolustamista ja ihmisten neuvomista.

[2] Eli neuvoa ihmisiä noudattamaan sitä, pitämään sitä elossa ja säilyttämään sitä.

[3] Eli vahvistaa viesti, jonka profeetta 🕮 toi, uskoa kaikkeen, mitä profeetta 🕮 ilmoitti, noudattaa hänen 🕮 käskyjään ja pysyä kaukana asioista, joita hän 🕮 kielsi. Ks. Koraani (59:7).

[4] Eli uskonnossa on neuvot, käskyt ja säädökset heille kaikille.

[5] Ks. Koraani (2:256), (18:29), (28:56).

[6] Eli jos he tekevät teon, joka vaatii islamin lain mukaan rangaistuksen, joka islamilaisella valtiolla ja sen johtajilla on oikeus suorittaa.

[7] Ibn Taymiyyah - Allah armahtakoon hänet - kommentoi tätä perinnettä sanoen:

116

[Toisessa raportissa profeetta ﷺ resitoi tämän jälkeen jakeen:

"Totisesti, sinä olet vain muistuttaja. Et ole heidän yllään kontrolloija." (88:21–22)]

﴿فَذَكِّرْ إِنَّمَا أَنتَ مُذَكِّرٌ (٢١) لَسْتَ عَلَيْهِم بِمُصَيْطِرٍ (٢٢)﴾]

9. hadith: Velvollisuus henkilön kyvyn mukaisesti

الحَدِيثُ اَلتَّاسِعُ: التَّكْلِيفُ بِمَا يُسْتَطَاعُ

Abu Hurairah Abdur-Rahman ibn Sakhr – Allah olkoon häneen tyytyväinen – sanoi: "Kuulin Allahin sanansaattajan ﷺ sanovan:

عَنْ أَبِي هُرَيْرَةَ، عَبْدِ الرَّحْمَنِ بْنِ صَخْرٍ – رَضِيَ اللهُ عَنْهُ – قَالَ: سَمِعْتُ رَسُولَ اللَّهِ ﷺ يَقُولُ:

'Mitä olen kieltänyt teitä tekemästä, välttäkää sitä. Ja mitä olen käskenyt teitä tekemään, tehkää sitä kykyjenne mukaan.

«مَا نَهَيْتُكُمْ عَنْهُ، فَاجْتَنِبُوهُ، وَمَا أَمَرْتُكُمْ بِهِ فَأْتُوا مِنْهُ مَا اسْتَطَعْتُمْ،

Sillä totisesti se, mikä tuhosi nuo (kansat), jotka edelsivät teitä oli vain liiallinen kyseenalaistaminen ja se, että he olivat erimielisiä heidän profeettojensa kanssa."

فَإِنَّمَا أَهْلَكَ الَّذِينَ مِنْ قَبْلِكُمْ كَثْرَةُ مَسَائِلِهِمْ وَاخْتِلَافُهُمْ عَلَى أَنْبِيَائِهِمْ»

Tämän raportoi al-Bukhari (7288) ja Muslim (1337).

رَوَاهُ الْبُخَارِيُّ (٧٢٨٨)، وَمُسْلِمٌ (١٣٣٧).

مُرَادُهُ قِتَالُ الْمُحَارِبِينَ الَّذِينَ أَذِنَ اللَّهُ فِي قِتَالِهِمْ لَمْ يُرِدْ قِتَالَ الْمُعَاهَدِينَ الَّذِينَ أَمَرَ اللهُ بِوَفَاءِ عَهْدِهِمْ.

"(Tämän perinteen) merkitys on taistella niitä vastaan sodassa, jotka julistavat sodan (muslimeita vastaan), eli joita vastaan Allah on käskenyt meidän taistelemaan. Se ei tarkoita sitä, että taistelemme niitä vastaan, jotka ovat tehneet kanssamme rauhansopimuksen (eli joita vastaan Allah ei ole käskenyt meitä taistelemaan)."

(Al-Majmu' al-fatawa 19/20)

Ibn Rajab - Allah armahtakoon hänet - sanoi:

وَالْمَعْنَى إِنَّمَا عَلَيْكَ تَذْكِيرُهُمْ بِاللَّهِ وَدَعْوَتُهُمْ إِلَيْهِ وَلَسْتَ مُسَلَّطًا عَلَى إِدْخَالِ الْإِيمَانِ فِي قُلُوبِهِمْ قَهْرًا وَلَا مُكَلَّفًا بِذَلِكَ.

"Merkitys on se, että velvollisuutesi on vain muistuttaa heitä Allahista ja kutsua heitä (oikealle tielle). Sinulla ei ole valtaa asettaa uskoa heidän sydämiinsä pakolla, etkä ole vastuussa siitä."

(Jaami' al-'ulum wal-hikam 1/236)

Allah sanoi:

10. hadith: Rajoittaminen siihen, mikä on hyvää ja tervettä

الْحَدِيثُ اَلْعَاشِرُ: الإِقْتِصَارُ عَلَى الْحَلَالِ الطَّيِّبِ

Abu Hurairah – Allah olkoon tyytyväinen häneen – sanoi, että Allahin sanansaattaja ﷺ sanoi:

عَنْ أَبِي هُرَيْرَةَ – رَضِيَ اللهُ عَنْهُ – قَالَ: قَالَ رَسُولُ اللَّهِ ﷺ:

"Totisesti, Allah – Korkein – on hyvä eikä Hän hyväksy kuin sitä, mikä on hyvää. Ja totisesti Allah – Korkein – on määrännyt uskovaisia sillä, millä Hän on määrännyt sanansaattajia, sillä Hän – Korkein – sanoi: *'Oi sanansaattajat, syökää siitä, mikä on hyvää (sallittuja ja puhtaita ruokia) ja suorittakaa hurskaita tekoja.'* (23:51) ja Hän – Korkein – sanoi: *'Oi te, jotka*

«إِنَّ اللَّهَ تَعَالَى طَيِّبٌ لَا يَقْبَلُ إِلَّا طَيِّبًا، وَإِنَّ اللَّهَ تَعَالَى أَمَرَ الْمُؤْمِنِينَ بِمَا أَمَرَ بِهِ الْمُرْسَلِينَ، فَقَالَ تَعَالَى: ﴿يَا أَيُّهَا الرُّسُلُ كُلُوا مِنَ الطَّيِّبَاتِ وَاعْمَلُوا صَالِحًا﴾، وَقَالَ تَعَالَى: ﴿يَا أَيُّهَا الَّذِينَ آمَنُوا كُلُوا مِنْ طَيِّبَاتِ مَا رَزَقْنَاكُمْ﴾،

﴿فَإِنِ اعْتَزَلُوكُمْ فَلَمْ يُقَاتِلُوكُمْ وَأَلْقَوْا إِلَيْكُمُ السَّلَمَ فَمَا جَعَلَ اللَّهُ لَكُمْ عَلَيْهِمْ سَبِيلًا﴾

"Jos he irtaantuvat teistä, eivätkä taistele teitä vastaan ja tarjoavat rauhaa, niin Allah ei ole laittanut teille syytä taistella heitä vastaan." (4:90)

Täten ihmiset, joita vastaan taistellaan ovat nuo, jotka vaativat taistelua, vainoa, väkivaltaa ja vihamielisyyttä islamia ja uskovaisia kohtaan. Samaan aikaan islam ohjaa muslimeita tekemään rauhansopimuksia niiden kanssa, jotka siihen suostuvat. Tämä on ilmeisen selkeää ja profeetan ﷺ tapojen mukaista.

Allah sanoi:

﴿وَإِنْ جَنَحُوا لِلسَّلْمِ فَاجْنَحْ لَهَا وَتَوَكَّلْ عَلَى اللَّهِ إِنَّهُ هُوَ السَّمِيعُ الْعَلِيمُ﴾

"Jos vihollinen kallistuu rauhaan, niin kallistu siihen ja luota Allahiin. Totisesti, se on Hän, joka on Kaikkikuuleva, Kaikkitietävä." (8:61)

Ibn Taymiyyah – Allah armahtakoon hänet – sanoi:

الْكُفَّارُ إِنَّمَا يُقَاتَلُونَ بِشَرْطِ الحِرَابِ كَمَا ذَهَبَ إِلَيْهِ جُمْهُورُ العلماء وَكَمَا دَلَّ عَلَيْهِ الكِتَابُ وَالسُّنَّةُ.

"Epäuskovaisia vastaan saa taistella vain sillä ehdolla, että he käyvät sotaa (muslimeita vastaan), ja se on suurimman osan oppineiden mielipide, sillä se (ymmärrys) on selkeää Kirjassa (Koraanissa) ja *sunnassa*."

(An-Nubuwat 1/140)

Ibn al-Qayyim – Allah armahtakoon hänet – sanoi:

وَلَمْ يُكْرِهْ أَحَدًا قَطُّ عَلَى الدِّينِ وَإِنَّمَا كَانَ يُقَاتِلُ مَنْ يُحَارِبُهُ وَيُقَاتِلُهُ وَأَمَّا مَنْ سَالَمَهُ وَعَادَنَهُ فَلَمْ يُقَاتِلْهُ وَلَمْ يُكْرِهْهُ عَلَى الدُّخُولِ في دِينِهِ.

"Profeetta ﷺ ei koskaan pakottanut uskontoa kenenkään ylle, vaan taisteli vain niitä vastaan, jotka kävivät sotaa häntä ﷺ vastaan ja taistelivat häntä ﷺ vastaan. Ja mitä tulee niihin, jotka tekivät rauhansopimuksia tai luottamussopimuksia hänen ﷺ kanssaan, niin hän ﷺ ei koskaan taistellut heitä vastaan eikä pakottanut heitä uskontoon."

(Hidayat al-hayara 1/237)

uskotte, syökää sitä hyvää, mitä Me olemme teille antaneet (siunauksena ja elantona).' (2:172)

Sitten hän ﷺ mainitsi miehestä, joka matkusti kauas, tuli epäsiistiksi ja pölyiseksi ja nosti kätensä ylös taivaaseen (sanoen): 'Oi Valtiaani, Oi Valtiaani!', ja hänen ruokansa (joilla hän ravitsee itsensä) ovat peräisin kielletyistä (ruuista), hänen juomansa ovat peräisin kielletyistä (juomista), hänen vaatteensa (joilla hän pukeutuu) ovat kiellettyjä (vaatteita) ja hän on ravittu kielletyllä, joten miten tuohon (hänen pyyntönsä) vastataan?"

Tämän raportoi Muslim (1015).

ثُمَّ ذَكَرَ الرَّجُلَ، يُطِيلُ السَّفَرَ، أَشْعَثَ أَغْبَرَ، يَمُدُّ يَدَيْهِ إِلَى السَّمَاءِ: يَا رَبِّ يَا رَبِّ، وَمَطْعَمُهُ حَرَامٌ، وَمَشْرَبُهُ حَرَامٌ، وَمَلْبَسُهُ حَرَامٌ، وَغُذِيَ بِالْحَرَامِ، فَأَنَّى يُسْتَجَابُ لِذَلِكَ؟»

رَوَاهُ مُسْلِمٌ (١٠١٥).

11. hadith: Epäilyttävän välttäminen

Abu Muhammad al-Hasan ibn Ali – Allahin sanansaattajan ﷺ lapsenlapsi, joka oli hänelle todella rakas – Allah olkoon tyytyväinen heihin – sanoi:

"Opin ulkoa Allahin sanansaattajalta ﷺ:

'Jätä se, mikä saa sinut epäilemään siihen, mikä ei saa sinua epäilemään.'"

Tämän raportoi at-Tirmidhi (2518) sekä an-Nasaaii (5727) ja at-Tirmidhi sanoi: "Tämä *hadith* on *hasan-sahih*." [Ja al-Albaani luokitteli sen autenttiseksi (*sahih*).]

الْحَدِيثُ الْحَادِي عَشَرَ: التَّوَرُّعُ عَنِ الشُّبُهَات

عَنْ أَبِي مُحَمَّدٍ، الْحَسَنِ بْنِ عَلِيِّ بْنِ أَبِي طَالِبٍ – سِبْطِ رَسُولِ اللَّهِ ﷺ وَرَيْحَانَتِهِ – رَضِيَ اللَّهُ عَنْهُمَا قَالَ:

«حَفِظْتُ مِنْ رَسُولِ اللَّهِ ﷺ:

«دَعْ مَا يَرِيبُكَ إِلَى مَا لَا يَرِيبُكَ»

رَوَاهُ التِّرْمِذِيُّ (٢٥١٨)، وَالنَّسَائِيُّ (٥٧٢٧)، وَقَالَ التِّرْمِذِيُّ: «حَدِيثٌ حَسَنٌ صَحِيحٌ» [وَصَحَّحَهُ الْأَلْبَانِي].

12. hadith: Sen jättäminen mikä ei koske muslimia

Abu Hurairalta – Allah olkoon tyytyväinen häneen – on raportoitu, että profeetta ﷺ sanoi:

الْحَدِيثُ الثَّانِي عَشَرَ: تَرْكُ مَا لَا يَعْنِي الْمُسْلِمَ

عَنْ أَبِي هُرَيْرَةَ – رَضِيَ اللَّهُ عَنْهُ – عَنِ النَّبِيِّ ﷺ قَالَ:

119

"Osa henkilön islamin täydellistämistä on sen jättäminen, mikä ei kuulu hänelle."

«مِنْ حُسْنِ إِسْلَامِ الْمَرْءِ تَرْكُهُ مَا لَا يَعْنِيهِ»

Tämä hadith on *hasan* (an-Nawawin mukaan) ja sen raportoi at-Tirmidhi (2318) ja muut. [Ja al-Albaani sanoi (hadithista): "*Sahih li ghayr*i".]

حَدِيثٌ حَسَنٌ، رَوَاهُ التِّرْمِذِيُّ (٢٣١٨) وَغَيْرُهُ [وَقَالَ الْأَلْبَانِي: صَحِيحٌ لِغَيْرِهِ].

13. hadith: Uskon täydellisyys

الْحَدِيثُ الثَّالِثُ عَشَرَ: كَمَالُ الْإِيمَانِ

Abu Hamzah Anas ibn Malikilta, Allahin sanansaattajan ﷺ palvelijalta - Allah olkoon tyytyväinen häneen - on raportoitu, että profeetta ﷺ sanoi:

عَنْ أَبِي حَمْزَةَ، أَنَسِ بْنِ مَالِكٍ – رَضِيَ اللَّهُ عَنْهُ – خَادِمِ رَسُولِ اللَّهِ ﷺ عَنِ النَّبِيِّ ﷺ قَالَ:

"Yksikään teistä ei usko (aidosti), kunnes hän rakastaa veljelleen, mitä hän rakastaa itselleen."

«لَا يُؤْمِنُ أَحَدُكُمْ حَتَّى يُحِبَّ لِأَخِيهِ مَا يُحِبُّ لِنَفْسِهِ»

Tämän raportoi al-Bukhari (13) ja Muslim (71).

رَوَاهُ الْبُخَارِيُّ (١٣)، وَمُسْلِمٌ (٧١).

14. hadith: Muslimin elämän pyhyys ja tilanteet, jotka mitätöivät sen

الْحَدِيثُ الرَّابِعَ عَشَرَ: حُرْمَةُ دَمِ الْمُسْلِمِ وَأَسْبَابُ إِهْدَارِهِ

Abdullah ibn Mas'uudilta - Allah olkoon tyytyväinen häneen - on raportoitu, että hän sanoi, että Allahin sanansaattaja ﷺ sanoi:

عَنْ عَبْدِ اللَّهِ بْنِ مَسْعُودٍ – رَضِيَ اللَّهُ عَنْهُ – قَالَ: قَالَ رَسُولُ اللَّهِ ﷺ:

"Ei ole sallittua vuodattaa muslimin verta, paitsi (laillisen johtajan tuomiosta, joka on sallittua tapahtua) kolmessa tapauksessa (jotka islamilainen valtio selvittää ja tuomitsee todisteiden pohjalta): (1) naimisissa oleva henkilö, joka suorittaa aviorikoksen, (2) sielu sielusta (laillinen hyvitys murhasta) ja (3) henkilö,

«لَا يَحِلُّ دَمُ امْرِئٍ مُسْلِمٍ إِلَّا بِإِحْدَى ثَلَاثٍ: الثَّيِّبُ الزَّانِي، وَالنَّفْسُ بِالنَّفْسِ، وَالتَّارِكُ لِدِينِهِ الْمُفَارِقُ لِلْجَمَاعَةِ»

رَوَاهُ الْبُخَارِيُّ (٦٨٧٨)، وَمُسْلِمٌ (١٦٧٦).

[وَفِي رِوَايَةٍ أُخْرَى: «رَجُلٌ يَخْرُجُ مِنَ الْإِسْلَامِ يُحَارِبُ اللَّهَ – عَزَّ وَجَلَّ – وَرَسُولَهُ ﷺ

joka jättää uskontonsa ja erottaa itsensä
yhteiskunnasta (kääntyen viholliseksi ja
aiheuttaen yhteiskunnalle uhkaa tai vaaraa)."[1]

رَوَاهُ النَّسَائِي (٤٠٤٨) ، وَصَحَّحَهُ الأَلْبَانِي]

Tämän raportoi al-Bukhari (6878) ja Muslim
(1676).

[Toisessa raportissa (profeetta ﷺ sanoi lopussa):

"- - mies, joka jättää islamin julistaen
sodan Allahia - Majesteettista ja
Täydellistä - sekä hänen
sanansaattajaansa ﷺ vastaan."

Tämän raportoi an-Nasaaii (4048) ja al-Albaani
luokitteli sen autenttiseksi (sahih)].

15. hadith: Islamilaiset tavat

الحَدِيثُ الخَامِسُ عَشَرَ: آدَابٌ
إِسْلَامِيَّةٌ

Abu Hurairalta - Allah olkoon tyytyväinen
häneen - on raportoitu, että Allahin
sanansaattaja ﷺ sanoi:

عَنْ أَبِي هُرَيْرَةَ - رَضِيَ اللَّهُ عَنْهُ - أَنَّ رَسُولَ
اللَّهِ ﷺ قَالَ:

"Kuka ikinä uskoo Allahiin ja
viimeiseen päivään, puhukoon hän
hyvää tai pysyköön hän hiljaa. Kuka
ikinä uskoo Allahiin ja viimeiseen
päivään, kunnioittakoon hän
naapureitaan. Kuka ikinä uskoo Allahiin
ja viimeiseen päivään, kunnioittakoon
hän vieraitaan."

«مَنْ كَانَ يُؤْمِنُ بِاللَّهِ وَالْيَوْمِ الآخِرِ، فَلْيَقُلْ
خَيْرًا أَوْ لِيَصْمُتْ، وَمَنْ كَانَ يُؤْمِنُ بِاللَّهِ وَالْيَوْمِ
الآخِرِ، فَلْيُكْرِمْ جَارَهُ، وَمَنْ كَانَ يُؤْمِنُ بِاللَّهِ
وَالْيَوْمِ الآخِرِ، فَلْيُكْرِمْ ضَيْفَهُ»

Tämän raportoi al-Bukhari (6018) ja Muslim (47).

رَوَاهُ البُخَارِيُّ (٦٠١٨)، وَمُسْلِمٌ (٤٧).

---

[1] Tavallisen muslimin eikä ihmisryhmän, jolla ei ole juridista auktoriteettia, ei ole sallittua laittaa käytäntöön islamin lain
mukaisia tuomioita ja rangaistuksia. Se on selkeästi kiellettyä ja johtaisi sosiaaliseen kaaokseen ja suurempaan pahaan sekä
rikokseen. Samalla tavalla muslimilla ei ole oikeutta julistaa sotaa eikä tehdä sotaisia tekoja ilman laillista auktoriteettia tai
syytä. Profeetta ﷺ kielsi erästä miestä laittamasta omin keinoin käytäntöön laillisen rangaistuksen (kuolemantuomion),
vaikka mies todistaisi vaimonsa suorittamassa aviorikosta: Abu Huraira - Allah olkoon tyytyväinen häneen - raportoi, että
Sa'd ibn 'Ubadah - Allah olkoon tyytyväinen häneen - sanoi:

"Oi Jumalan sanansaattaja, jos löytäisin vaimoni toisen miehen kanssa (suorittamassa aviorikosta), niin pitäisikö minun jättää
heidät keskenään kunnes haen neljä todistaaja (joka on islamin mukaan pakollinen todiste, jotta tuomioistuin voisi määrätä
lain voimaan)?" Profeetta ﷺ sanoi: "Kyllä." Sa'd vastasi: "Ei koskaan, kautta Hänen, joka sinut lähetti totuuden kanssa, jos
minulle kävisi näin, niin olisin pikainen nostamaan miekan!" Profeetta ﷺ sanoi:

اسْمَعُوا إِلَى مَا يَقُولُ سَيِّدُكُمْ إِنَّهُ لَغَيُورٌ وَأَنَا أَغْيَرُ مِنْهُ وَاللَّهُ أَغْيَرُ مِنِّي.

"Kuunnelkaa, mitä johtajanne sanoo. Totisesti hän tuntee kunniaa ja minä tunnen kunnian paremmin kuin hän ja Allah tuntee kunnian paremmin kuin minä."

(Sahih Muslim 1498)

Tästä esimerkistä opimme, että lakiin liittyvissä asioissa "ohjaimia" ei "oteta omiin käsiin" ja kunnianloukkaus ei anna oikeutta suorittaa rangaistuksia eikä väkivaltaa. Täten, esimerkiksi kunniamurha ei ole sallittua islamissa, eikä sille ole mitään uskonnollista pohjaa.

Oppineet ovat yksimielisiä siitä, että laillisia rangaistuksia saavat tuomita ja määrätä vain kunnolliset ja lailliset tuomarit, jotka pyrkivät soveltamaan islamin lakia esitettyjen todisteiden perusteella aikomuksena suojella viattomia ihmisiä, toteuttaa sanktiot ja ehkäistä vääryyttä.

Jos johtaja ei ole muslimi, niin näitä lakeja ei siltikään laiteta käytäntöön, vaan johtajan lakia on kuunneltava.

Profeetta ﷺ sanoi:

السَّمْعُ وَالطَّاعَةُ حَقٌّ مَا لَمْ يُؤْمَرْ بِالْمَعْصِيَةِ فَإِذَا أُمِرَ بِمَعْصِيَةٍ فَلَا سَمْعَ وَلَا طَاعَةَ.

"Johtajan kuuntelu ja noudattaminen on pakollista muslimille, pitäisi hän siitä tai ei, kunhan häntä ei määrätä olemaan tottelematon Allahille. Jos häntä käsketään olemaan tottelematon Allahia kohtaan, ei ole (silloin tämän johtajan) kuuntelua eikä noudattamista."

(Sahih al-Bukhari 2796)

Meidän on myös syytä huomioida, että jokaisessa maassa asutaan vapaasti maan kansalaisina sopimuksen alla, joka on noudattaa sen maan lakia, sillä tämä on ehto vapaaseen kansalaisuuteen ja Allah sanoi:

﴿يَا أَيُّهَا الَّذِينَ آمَنُوا أَوْفُوا بِالْعُقُودِ﴾

"Oi te, jotka uskotte, täyttäkää sopimuksenne (kunhan niihin ei liity mitään, mikä on islamin mukaan kiellettyä)." (5:1)

Ibn Muflih - Allah armahtakoon hänet - sanoi:

تَحْرُمُ إِقَامَةُ حَدٍّ إِلَّا لِإِمَامٍ أَوْ نَائِبِهِ

"On kiellettyä suorittaa laillisia rangaistuksia, ellei sitä tee (laillinen) johtaja tai hänen (laillisesti määrätty) varamiehensä."

(Al-Furu' wa tashiih al-furuu' 10/29)

Ja ibn Hajar - Allah armahtakoon hänet - sanoi:

فَلَيْسَ لَهُ قَتْلُ كُلِّ كَافِرٍ بَلْ يَحْرُمُ عَلَيْهِ قَتْلُ الذِّمِّيِّ وَالْمُعَاهَدِ بِغَيْرِ اسْتِحْقَاقٍ.

"Muslimilla ei ole oikeutta tappaa jokaista epäuskovaista (ja ainoastaan virallisessa sodassa olisi sallittua tappaa miehiä tai islamilaisen valtion alla rikoksen suorittaneita, jos sanktio on kuolemanrangaistus), vaan hänen on kiellettyä tappaa siviiliä tai turvan alla olevaa henkilöä epäoikeudenmukaisesti."

(Fath ul-Bari 6517)

Laillisten rangaistusten tavoite on yksinkertaisesti saada ihmiset pelkäämään rangaistusta niin paljon, että he eivät suorita julmuuksia. Allah sanoi:

﴿وَلَكُمْ فِي الْقِصَاصِ حَيَاةٌ يَا أُولِي الْأَلْبَابِ لَعَلَّكُمْ تَتَّقُونَ﴾

"Laillisissa rangaistuksissa on teille elämien pelastus, oi ymmärryksen ihmiset, jotta voisitte tulla hurskaiksi." (2:179)

Niiden tarkoitus on ylläpitää pelkoa vääryyksien tekemistä kohtaan. Islam opettaa meitä pyrkimään armahtamaan, katsomaan sormien läpi ja välttämään rangaistusten toteuttamista, mikäli se on mahdollista.

122

Profeetta ﷺ sanoi:

ادْرَءُوا الْحُدُودَ عَنِ الْمُسْلِمِينَ مَا اسْتَطَعْتُمْ فَإِنْ كَانَ لَهُ مَخْرَجٌ فَخَلُّوا سَبِيلَهُ فَإِنَّ الْإِمَامَ أَنْ يُخْطِئَ فِي الْعَفْوِ خَيْرٌ مِنْ أَنْ يُخْطِئَ فِي الْعُقُوبَةِ.

"Välttäkää laillisten rangaistusten toimeenpanoa muslimeille, jos pystytte. Jos rikollisella on tie ulos, niin jättäkää hänet tielleen. Totisesti, on parempi, että johtaja erehtyy armahtamaan hänet kuin se, että hän erehtyy rankaisemaan viatonta."

(Sunan at-Tirmidhi 1424, sahih as-Suyutin mukaan)

Profeetta ﷺ sanoi:

ادْفَعُوا الْحُدُودَ مَا وَجَدْتُمْ لَهُ مَدْفَعًا.

"Välttäkää laillisten rangaistusten toteuttamista niin kauan kuin löydätte syyn välttää niitä."

(Sunan ibn Majah 2545, hasan as-Suyutin mukaan)

As-Suyuti - Allah armahtakoon hänet - sanoi:

القاعدة (في الفقه) الحدود تسقط بالشبهات.

"Islamilaisen lain periaate on, että laillisen rangaistuksen keskeyttää epäilys."

(Al-Ashbah wal-naza'ir 2/122)

123

16. hadith: Suuttumisen kielto

الْحَدِيثُ السَّادِسَ عَشَرَ: النَّهْيُ عَنِ الْغَضَبِ

Abu Hurairalta - Allah olkoon tyytyväinen häneen - on raportoitu, että eräs mies sanoi profeetalle ﷺ: "Neuvo minua." Profeetta ﷺ sanoi:

عَنْ أَبِي هُرَيْرَةَ - رَضِيَ اللَّهُ عَنْهُ - أَنَّ رَجُلًا قَالَ لِلنَّبِيِّ ﷺ أَوْصِنِي، قَالَ:

"Älä suutu."[1]

«لَا تَغْضَبْ»

Sitten hän toisti sen (pyynnön saada neuvoja) muutaman kerran. Hän ﷺ sanoi (uudestaan):

فَرَدَّدَ مِرَارًا قَالَ:

"Älä suutu."

«لَا تَغْضَبْ»

Tämän raportoi al-Bukhari (6116).

رَوَاهُ الْبُخَارِيُّ (٦١١٦).

---

[1] Suuttumisen kiellolla ohjataan muslimia rauhoittamaan itsensä ollessaan vihainen islamin mukaisilla etiketeillä. *Sunnassa* on mainittu seuraavat viisi keinoa rauhoittaa vihaa:

1. Pyydä turvaa Allahilta paholaista vastaan

Sulayman ibn Surad - Allah olkoon tyytyväinen häneen - sanoi, että kaksi miestä olivat solvaamassa toisiaan profeetan ﷺ läsnäollessa ja yksi heistä tuli niin vihaiseksi, että hänen kasvonsa muuttuivat punaisiksi. Profeetta ﷺ katsoi häntä ja sanoi:

إِنِّي لَأَعْلَمُ كَلِمَةً لَوْ قَالَهَا لَذَهَبَ عَنْهُ مَا يَجِدُ لَوْ قَالَ أَعُوذُ بِاللَّهِ مِنَ الشَّيْطَانِ الرَّجِيمِ.

"Totisesti, minä tiedän sanoja, jotka saisivat häneltä lähtemään pois sen, mitä hän löytää itsestään (eli vihaa), jos hän sanoo: 'A'uudhubilläähi min Äsh-Shäytaani-r-rajiim (Pyydän turvaa Allahilta kirottua Shaytaania vastaan).'"

(Sahih al-Bukhari 6115)

2. Ota rukouspesu

Atiyyah - Allah olkoon tyytyväinen häneen - raportoi, että profeetta ﷺ sanoi:

إِنَّ الْغَضَبَ مِنَ الشَّيْطَانِ وَإِنَّ الشَّيْطَانَ خُلِقَ مِنَ النَّارِ وَإِنَّمَا تُطْفَأُ النَّارُ بِالْمَاءِ فَإِذَا غَضِبَ أَحَدُكُمْ فَلْيَتَوَضَّأْ.

"Totisesti viha tulee Shaytaanilta ja totisesti Shaytaan on luotu tulesta. Totisesti tuli sammutetaan vedellä, joten jos kukaan teistä tulee vihaiseksi, niin suorittakoon hän rukouspesun."

(Sunan Abi Dawud 4784, hasan ibn Hajarin mukaan)

3. Ole hiljaa

Ibn Abbas - Allah olkoon tyytyväinen häneen - raportoi, että profeetta ﷺ neuvoi häntä sanoen kolmesti:

وَإِذَا غَضِبْتَ فَاسْكُتْ.

"Ja kun tulet vihaiseksi, ole hiljaa."

(Al-Adab al-mufrad 1320, sahih al-Albaanin mukaan)

4. Rauhoita itsesi istumalla tai makaamalla

Profeetta ﷺ sanoi:

إِذَا غَضِبَ أَحَدُكُمْ وَهُوَ قَائِمٌ فَلْيَجْلِسْ فَإِنْ ذَهَبَ عَنْهُ الْغَضَبُ وَإِلاَّ فَلْيَضْطَجِعْ.

"Kun joku teistä tulee vihaiseksi ja hän on seisomassa, niin istukoon hän. Jos viha lähtee häneltä (niin hyvä) ja jos ei, niin menköön hän makaamaan."

(Sunan Abi Dawud 4782, sahih al-Albaanin mukaan)

5. Muista rauhoittumisen palkkio

Profeetta ﷺ sanoi:

لَا تَغْضَبْ وَلَكَ الْجَنَّةُ.

"Älä suutu ja sinulle on paratiisi."

(Al-Mu'jam al-awsat 2411, sahih al-Albanin mukaan)

Anas ibn Malik - Allah olkoon tyytyväinen häneen - raportoi, että Allahin sanansaattaja ﷺ sanoi:

مَنْ خَزَنَ لِسَانَهُ سَتَرَ اللَّهُ عَوْرَتَهُ وَمَنْ كَفَّ غَضَبَهُ كَفَّ اللهُ عَنْهُ عَذَابَهُ يَوْمَ الْقِيَامَةِ.

"Kuka ikinä hallitsee kielensä, Allah tulee peittämään hänen virheensä. Kuka ikinä pidättää vihaansa, Allah tulee pidättämään hänen rangaistustaan (tätä palvelijaa kohtaan) ylösnousemuksen päivänä."

(Shu'ab al-iimaan 7818, hasan al-Albaanin mukaan)

Abu Hurairah - Allah olkoon tyytyväinen häneen - raportoi, että Allahin sanansaattaja ﷺ sanoi:

لَيْسَ الشَّدِيدُ بِالصُّرَعَةِ إِنَّمَا الشَّدِيدُ الَّذِي يَمْلِكُ نَفْسَهُ عِنْدَ الْغَضَبِ.

"Vahvin (ihmisistä) ei ole paras painija. Totisesti vahvin teistä on hän, joka kontrolloi itseään ollessaan vihainen."

(Sahih al-Bukhari 5763)

Ibn Umar - Allah olkoon tyytyväinen häneen - raportoi, että Allahin sanansaattaja ﷺ sanoi:

مَا مِنْ جُرْعَةٍ أَعْظَمُ أَجْرًا عِنْدَ اللَّهِ مِنْ جُرْعَةِ غَيْظٍ كَظَمَهَا عَبْدٌ ابْتِغَاءَ وَجْهِ اللَّهِ.

"Mitään ei nielaista suuremmalla palkkiolla kuin silloin, kun palvelija nielaisee hänen vihansa tavoitellen Allahin kasvoja (eli Allahin tyytyväisyyttä ja tapaamista)."

(Sunan ibn Majah 4189, sahih al-Albanin mukaan)

Allah sanoi:

﴿وَقُل لِّعِبَادِى يَقُولُوا الَّتِى هِىَ أَحْسَنُ إِنَّ الشَّيْطَٰنَ يَنزَغُ بَيْنَهُمْ إِنَّ الشَّيْطَٰنَ كَانَ لِلْإِنسَٰنِ عَدُوًّا مُّبِينًا﴾

"Ja sanokaa palvelijoilleni, että he puhuvat vain parasta (eli vain hyvää). Totisesti Shaytaan herättää ristiriitoja heidän välilleen. Totisesti Shaytaan on ihmiselle selkeä vihollinen" (17:53)

Abu Huraira - Allah olkoon tyytyväinen häneen - raportoi, että profeetta ﷺ sanoi:

مَنْ كَظَمَ غَيْظًا وَهُوَ يَقْدِرُ عَلَى إِنْفَاذِهِ مَلَأَهُ اللَّهُ أَمْنًا وَإِيمَانًا.

"Kuka ikinä pidättää raivoaan, vaikka hän kykenisi vapauttamaan sen, niin Allah tulee täyttämään hänet vakaudella ja uskolla." Ja hän ﷺ resitoi seuraavan jakeen:

﴿وَالْكَاظِمِينَ الْغَيْظَ وَالْعَافِينَ عَنِ النَّاسِ وَاللَّهُ يُحِبُّ الْمُحْسِنِينَ﴾

"Ja he ovat niitä, jotka pidättävät vihaansa ja antavat ihmisille anteeksi, ja Allah rakastaa niitä, jotka tekevät hyvää."
(3:134)

(Tafsir at-Tabari 3:134, hasan as-Saffarinin mukaan)

17. hadith: Käsky teurastaa parhaalla käytöksellä ja lempeys eläimiä kohtaan

الحَدِيثُ السَّابِعُ عَشَرَ: الأَمْرُ بِإِحْسَانِ الذَّبْحِ وَالرِّفْقِ بِالحَيَوَانِ

Abu Ja'laa Shaddaad ibn Awsilta - Allah olkoon tyytyväinen häneen - on raportoitu, että Allahin sanansaattaja ﷺ sanoi:

عَنْ أَبِي يَعْلَى شَدَّادِ بْنِ أَوْسٍ ـ رَضِيَ اللهُ عَنْهُ ـ عَنْ رَسُولِ اللَّهِ ﷺ قَالَ:

"**Totisesti Allah on määrännyt erinomaisuuden kaikkiin asioihin** (niiden suorittamiseen), **joten jos teidän tulee tappaa, niin tappakaa parhaalla käytöksellä** (vain tavalla, joka on sallittua). **Jos teidän tulee teurastaa, niin teurastakaa parhaalla käytöksellä** (mahdollisimman kivuttomasti ja islamin mukaisesti). **Teroittakoon jokainen teistä veitsenne, jotta säästäisitte teurastettavat eläimet kärsimykseltä.**"

«إِنَّ اللَّهَ كَتَبَ الإِحْسَانَ عَلَى كُلِّ شَيْءٍ، فَإِذَا قَتَلْتُمْ فَأَحْسِنُوا القِتْلَةَ، وَإِذَا ذَبَحْتُمْ فَأَحْسِنُوا الذِّبْحَةَ، وَلْيُحِدَّ أَحَدُكُمْ شَفْرَتَهُ، وَلْيُرِحْ ذَبِيحَتَهُ»

Tämän raportoi Muslim (1955).

رَوَاهُ مُسْلِمٌ (١٩٥٥).

18. hadith: Hyvä käytös

الحَدِيثُ الثَّامِنُ عَشَرَ: حُسْنُ الخُلُقِ

Abu Dharr Jundub bin Junadalta sekä Abu Abdur-Rahman Muaad bin Jabalilta - Allah olkoon tyytyväinen heihin - on raportoitu, että Allahin sanansaattaja ﷺ sanoi:

عَنْ أَبِي ذَرٍّ، جُنْدُبِ بْنِ جُنَادَةَ، وَأَبِي عَبْدِ الرَّحْمَنِ، مُعَاذِ بْنِ جَبَلٍ ـ رَضِيَ اللهُ عَنْهُمَا ـ أَنَّ رَسُولَ اللَّهِ ﷺ قَالَ:

"**Omaa taqwaa, missä ikinä oletkin ja seuraa huonoa tekoa hyvällä teolla, joka pyyhkii sen** (huonon teon) **pois ja käyttäydy hyvällä käytöksellä ihmisiä kohtaan.**"

«اتَّقِ اللَّهَ حَيْثُمَا كُنْتَ، وَأَتْبِعِ السَّيِّئَةَ الحَسَنَةَ تَمْحُهَا، وَخَالِقِ النَّاسَ بِخُلُقٍ حَسَنٍ»

Tämän raportoi at-Tirmidhi (1987) ja hän sanoi: "Tämä *hadith* on *hasan*." Ja muissa teksteissä: "*Hasan-sahih*".

رَوَاهُ التِّرْمِذِيُّ (١٩٨٧) وَقَالَ: «حَدِيثٌ حَسَنٌ»، وَفِي بَعْضِ النُّسَخِ: «حَسَنٌ صَحِيحٌ».

19. hadith: Ole tietoinen Allahista ja Hän tulee suojelemaan sinua

الحَدِيثُ التَّاسِعُ عَشَرَ: احْفَظِ اللَّهَ يَحْفَظْكَ

Abu al-Abbas Abdullah ibn Abbasilta - Allah olkoon tyytyväinen heihin - on raportoitu, että hän sanoi: "Olin profeetan ﷺ takana (ratsun selässä) ja hän ﷺ sanoi minulle:

عَنْ أَبِي العَبَّاسِ، عَبْدِ اللَّهِ بْنِ عَبَّاسٍ ـ رَضِيَ اللهُ عَنْهُمَا ـ قَالَ: كُنْتُ خَلْفَ النَّبِيِّ ﷺ فَقَالَ لِي:

"Oi nuori poika, opetan sinulle (neuvon) sanoja. Suojele Allahin oikeuksia ja Allah tulee suojelemaan sinua. Suojele Allahin oikeuksia ja tulet löytämään Hänet edestäsi. Jos kysyt, niin kysy (vain) **Allahilta ja jos pyydät apua, niin pyydä** (vain) **Allahilta. Ja tiedä, että jos kansat kokoontuisivat yhteen hyödyksesi, niin he eivät kykenisi olemaan hyödyksesi paitsi** (sen verran), **mitä Allah on kirjoittanut sinulle. Ja jos he kokoontuisivat yhteen aiheuttamaan sinulle haittaa, he eivät kykenisi aiheuttamaan sinulle haittaa paitsi** (sen verran), **mitä Allah on kirjoittanut** (kohtaloon) **sinulle. Kynät ovat nostettu ja sivut ovat kuivuneet."**

«يَا غُلَامُ إِنِّي أُعَلِّمُكَ كَلِمَاتٍ: احْفَظِ اللَّهَ يَحْفَظْكَ، احْفَظِ اللَّهَ تَجِدْهُ تُجَاهَكَ، إِذَا سَأَلْتَ فَاسْأَلِ الله، وَإِذَا اسْتَعَنْتَ فَاسْتَعِنْ بِاللَّهِ، وَاعْلَمْ أَنَّ الأُمَّةَ لَوِ اجْتَمَعَتْ عَلَى أَنْ يَنْفَعُوكَ بِشَيْءٍ، لَمْ يَنْفَعُوكَ إِلَّا بِشَيْءٍ قَدْ كَتَبَهُ اللَّهُ لَكَ، وَإِنِ اجْتَمَعُوا عَلَى أَنْ يَضُرُّوكَ بِشَيْءٍ، لَمْ يَضُرُّوكَ إِلَّا بِشَيْءٍ قَدْ كَتَبَهُ اللَّهُ عَلَيْكَ، رُفِعَتِ الأَقْلَامُ وَجَفَّتِ الصُّحُفُ»

Tämän raportoi at-Tirmidhi (2516) ja hän sanoi: "Tämä *hadith* on *hasan-sahih*." Toisessa raportissa, joka ei ole *at-Tirmidhissa* (profeetta ﷺ sanoi):

رَوَاهُ التِّرْمِذِيُّ (٢٥١٦) وَقَالَ: «حَدِيثٌ حَسَنٌ صَحِيحٌ». وَفِي رِوَايَةٍ غَيْرِ التِّرْمِذِيِّ:

"Suojele Allahin oikeuksia, niin tulet löytämään Hänet edestäsi. Ole tietoinen Allahista hyvinä aikoina, niin Allah tulee tuntemaan sinut (ja auttamaan sinua) **vaikeina aikoina. Ja tiedä, että mitä ei tapahtunut sinulle, ei olisi koskaan voinut tapahtua sinulle. Ja mitä on tapahtunut sinulle, ei olisi koskaan voinut olla tapahtumatta sinulle. Ja tiedä, että voitto tulee kärsivällisyydellä, helpotus seuraa vastoinkäymistä ja vaikeuden kanssa tulee helpotus."**

«احْفَظِ اللَّهَ تَجِدْهُ أَمَامَكَ تَعَرَّفْ إِلَى اللَّهِ فِي الرَّخَاءِ يَعْرِفْكَ فِي الشِّدَّةِ، وَاعْلَمْ أَنَّ مَا أَخْطَأَكَ لَمْ يَكُنْ لِيُصِيبَكَ، وَمَا أَصَابَكَ لَمْ يَكُنْ لِيُخْطِئَكَ، وَاعْلَمْ أَنَّ النَّصْرَ مَعَ الصَّبْرِ، وَأَنَّ الفَرَجَ مَعَ الكَرْبِ، وَأَنَّ مَعَ العُسْرِ يُسْرًا».

[Musnad Ahmad (2804), *sahih* Ahmad Shaakirin mukaan].

20. hadith: Säädyllisyys on osa uskoa

الحَدِيثُ العِشْرُونَ: الحَيَاءُ مِنَ الإِيمَانِ

Abu Mas'uud Uqbah ibn 'Amr al-Ansaari al-Badrilta - Allah olkoon tyytyväinen häneen - on raportoitu, että hän sanoi, että Allahin sanansaattaja ﷺ sanoi:

عَنْ أَبِي مَسْعُودٍ، عُقْبَةَ بْنِ عَمْرٍو الأَنْصَارِيّ البَدْرِيّ - رَضِيَ اللهُ عَنْهُ - قَالَ: قَالَ رَسُولُ اللهِ ﷺ:

"Totisesti se, mitä ihmiset oppivat aikaisempien profeettojen puheista oli: 'Jos et tunne häpeää, tee mitä tahdot.'"[1]

«إِنَّ مِمَّا أَدْرَكَ النَّاسُ مِنْ كَلَامِ النُّبُوَّةِ الأُولَى: إِذَا لَمْ تَسْتَحْيِ، فَاصْنَعْ مَا شِئْتَ»

Tämän raportoi al-Bukhari (6120).

رَوَاهُ البُخَارِيُّ (٦١٢٠).

21. hadith: Sano: "Uskon Allahiin" ja pysy lujana

الحَدِيثُ الحَادِي وَالعِشْرُونَ: قُلْ آمَنْتُ بِاللَّهِ ثُمَّ اسْتَقِمْ

Abu 'Amr - ja on sanottu (myös): "Abu 'Amrah" - Sufyan ibn Abdullahilta - Allah olkoon tyytyväinen häneen - on raportoitu, että hän sanoi:

عَنْ أَبِي عَمْرٍو — وَقِيلَ أَبِي عَمْرَةَ — سُفْيَانَ بْنِ عَبْدِ اللَّهِ - رَضِيَ اللَّهُ عَنْهُ - قَالَ:

"Sanoin: 'Oi Allahin sanansaattaja ﷺ, kerro minulle jokin lause islamista, jota minun ei tarvitse kysyä keneltäkään muulta sinun jälkeesi.' Hän (profeetta ﷺ) sanoi:

قُلْتُ: يَا رَسُولَ اللَّهِ، قُلْ لِي فِي الإِسْلَامِ قَوْلًا لَا أَسْأَلُ عَنْهُ أَحَدًا غَيْرَكَ، قَالَ:

'Sano: 'Uskon Allahiin' ja pysy lujana (uskossa).'"

«قُلْ آمَنْتُ بِاللَّهِ، ثُمَّ اسْتَقِمْ»

Tämän raportoi Muslim (38).

رَوَاهُ مُسْلِمٌ (٣٨).

---

[1] Ibn Rajab - Allah armahtakoon hänet - kommentoi tähän kirjoittaen:

وَأَهْلُ هَذِهِ المَقَالَةِ لَهُمْ طَرِيقَانِ أَحَدُهُمَا أَنَّهُ أَمْرٌ بِمَعْنَى التَّهْدِيدِ وَالوَعِيدِ وَالمَعْنَى إِذَا لَمْ يَكُنْ حَيَاءٌ فَاعْمَلْ مَا شِئْتَ فَاللَّهُ يُجَازِيكَ عَلَيْهِ. وَالطَّرِيقُ الثَّانِي أَنَّهُ أَمْرٌ وَمَعْنَاهُ الخَبَرُ وَالمَعْنَى أَنَّ مَنْ لَمْ يَسْتَحْيِ صَنَعَ مَا شَاءَ فَإِنَّ المَانِعَ مِنْ فِعْلِ القَبَائِحِ هُوَ الحَيَاءُ.

"Tämän lausunnon oppineet tulkitsevat kahdella tavalla. Ensimmäinen: se on käsky herätä ja varoitus - tarkoittaen, että jos et tunne häpeää, niin tee mitä tahdot, sillä Allah tulee rankaisemaan sinua sen mukaisesti - -. Toinen: se on tiedotus, joka viittaa siihen, että hän, jolla ei ole häpeää, tulee tekemään mitä hän tahtoo, sillä häpeä suojaa pahoilta teoilta."

(Jami' al-ulum wal-hikam 20)

128

22. hadith: Pakollisiin tekoihin rajoittuminen

الحَدِيثُ الثَّانِي وَالعِشْرُونَ: الِاقْتِصَارُ عَلَى الفَرَائِضِ

Abu Abdullah Jabir ibn Abdullah al-Ansaarilta - Allah olkoon tyytyväinen heihin - on raportoitu, että eräs mies kysyi Allahin sanansaattajalta ﷺ sanoen: "Luuletko, että jos rukoilen pakolliset rukoukset, paastoan *ramadanin*, pidän sallittuna sallitun ja kiellettynä kielletyn, enkä tee sen lisäksi (mitään vapaaehtoisia hyviä tekoja), niin tulenko pääsemään paratiisiin?" Hän ﷺ vastasi:

عَنْ أَبِي عَبْدِ اللَّهِ، جَابِرِ بْنِ عَبْدِ اللَّهِ الأَنْصَارِيِّ – رَضِيَ اللَّهُ عَنْهُمَا – أَنَّ رَجُلًا سَأَلَ رَسُولَ اللَّهِ ﷺ فَقَالَ: أَرَأَيْتَ إِذَا صَلَّيْتُ المَكْتُوبَات، وَصُمْتُ رَمَضَانَ، وَأَحْلَلْتُ الْحَلَالَ، وَحَرَّمْتُ الْحَرَامَ، وَلَمْ أَزِدْ عَلَى ذَلِكَ شَيْئًا، أَأَدْخُلُ الْجَنَّةَ؟ قَالَ:

"Kyllä."

«نَعَمْ»

Tämän raportoi Muslim (15).

رَوَاهُ مُسْلِمٌ (١٥).

---

23. hadith: Kiirehtimi-nen hyviin tekoihin

الحَدِيثُ الثَّالِثُ وَالعِشْرُونَ: الإِسْرَاعُ فِي الخَيْرِ

Abu Malik al-Haarith ibn ʿAasim al-Ashʾarilta - Allah olkoon tyytyväinen häneen - on raportoitu, että Allahin sanansaattaja ﷺ sanoi:

عَنْ أَبِي مَالِكٍ، الحَارِثِ بْنِ عَاصِمِ الأَشْعَرِيِّ – رَضِيَ اللَّهُ عَنْهُ – قَالَ: قَالَ رَسُولُ اللَّهِ ﷺ:

"**Puhtaus on puolet uskosta.** *Alhamdulillah* (ylistävä lausunto)[1] **täyttää** (hyvien tekojen) **vaaʿan ja** *subhan-Allah* (ylistävä lausunto)[2] **sekä** *Alhamdulillah*[1] **täyttää sen, mikä on taivaan ja maan välillä. Rukous on valo, hyväntekeväisyys on todiste** (sinun hyvistä teoistasi tuomiopäivänä) **ja kärsivällisyys on valaistus. Koraani on todiste joko sinun puolestasi tai sinua vastaan. Jokainen henkilö aloittaa päivänsä sielunsa myymisellä ja hän joko vapauttaa sen** (eli omistautuu Allahille ja vapauttaa itsensä tulesta) **tai hän pilaa sen** (eli omistaa sen hänen haluilleen).**"**

«الطُّهُورُ شَطْرُ الإِيمَانِ، وَالْحَمْدُ لِلَّهِ تَمْلَأُ المِيزَانَ، وَسُبْحَانَ اللَّهِ، وَالْحَمْدُ لِلَّهِ تَمْلَآنِ أَوْ تَمْلَأُ مَا بَيْنَ السَّمَاوَاتِ وَالْأَرْضِ، وَالصَّلَاةُ نُورٌ، وَالصَّدَقَةُ بُرْهَانٌ، وَالصَّبْرُ ضِيَاءٌ، وَالْقُرْآنُ حُجَّةٌ لَكَ أَوْ عَلَيْكَ، كُلُّ النَّاسِ يَغْدُو، فَبَائِعٌ نَفْسَهُ، فَمُعْتِقُهَا أَوْ مُوبِقُهَا»

رَوَاهُ مُسْلِمٌ (٢٢٣).

Tämän raportoi Muslim (223).

---

[1] *Alhamdulillah* kääntyy suuntaa antavasti: "Kaikki ylistykset ja kiitokset kuuluvat Allahille."

[2] *Subhan-Allah* kääntyy suuntaa antavasti merkityksensä kanssa: "Kaikki ylistys ja kunnia olkoon Allahilla - kuinka Täydellinen ja kaukana virheistä Hän onkaan."

24. hadith: Epäoikeuden-mukaisuuden kielto

Abu Dharrilta – Allah olkoon tyytyväinen häneen – on raportoitu, että profeetta ﷺ raportoi Hänen Valtiaansa – Mahtavan ja Täydellisen – sanoneen:

"Oi Minun palvelijani, Minä olen kieltänyt epäoikeudenmukaisuuden itseltäni ja olen tehnyt sen kielletyksi teidän keskuudessanne, joten älkää olko epäoikeudenmukaisia toisianne kohtaan.

Oi Minun palvelijani, kaikki te olette harhassa paitsi nuo, jotka Minä olen johdattanut, joten pyytäkää johdatustani ja Minä johdatan teitä.

Oi Minun palvelijani, kaikki te olette nälkäisiä paitsi nuo, joita minä ruokin, joten pyytäkää ruokaa Minulta ja Minä ruokin teidät.

Oi Minun palvelijani, kaikki te olette alastomia paitsi nuo, jotka olen vaatettanut, joten pyytäkää vaatetusta Minulta ja Minä vaatetan teidät.

Oi Minun palvelijani, totisesti te teette syntiä öisin ja päivisin ja Minä annan anteeksi kaikki synnit, joten pyytäkää anteeksiantoa Minulta (vilpittömästi) ja Minä annan teille anteeksi.

Oi Minun palvelijani, te ette koskaan kykene aiheuttamaan Minulle haittaa, ettekä te pysty tekemään mitään hyödykseni.

الحَدِيثُ الرَّابِعُ وَالعِشْرُونَ: تَحْرِيمُ الظُّلْمِ

عَنْ أَبِي ذَرٍّ – رَضِيَ اللَّهُ عَنْهُ – عَنِ النَّبِيِّ ﷺ فِيمَا يَرْوِي عَنْ رَبِّهِ – عَزَّ وَجَلَّ – أَنَّهُ قَالَ:

«يَا عِبَادِي إِنِّي حَرَّمْتُ الظُّلْمَ عَلَى نَفْسِي وَجَعَلْتُهُ بَيْنَكُمْ مُحَرَّمًا فَلَا تَظَالَمُوا،

يَا عِبَادِي كُلُّكُمْ ضَالٌّ إِلَّا مَنْ هَدَيْتُهُ فَاسْتَهْدُونِي أَهْدِكُمْ،

يَا عِبَادِي كُلُّكُمْ جَائِعٌ إِلَّا مَنْ أَطْعَمْتُهُ فَاسْتَطْعِمُونِي أُطْعِمْكُمْ،

يَا عِبَادِي كُلُّكُمْ عَارٍ إِلَّا مَنْ كَسَوْتُهُ فَاسْتَكْسُونِي أَكْسُكُمْ،

يَا عِبَادِي إِنَّكُمْ تُخْطِئُونَ بِاللَّيْلِ وَالنَّهَارِ وَأَنَا أَغْفِرُ الذُّنُوبَ جَمِيعًا فَاسْتَغْفِرُونِي أَغْفِرْ لَكُمْ،

يَا عِبَادِي إِنَّكُمْ لَنْ تَبْلُغُوا ضَرِّي فَتَضُرُّونِي وَلَنْ تَبْلُغُوا نَفْعِي فَتَنْفَعُونِي،

يَا عِبَادِي لَوْ أَنَّ أَوَّلَكُمْ وَآخِرَكُمْ وَإِنْسَكُمْ وَجِنَّكُمْ كَانُوا عَلَى أَتْقَى قَلْبِ رَجُلٍ وَاحِدٍ مِنْكُمْ مَا زَادَ ذَلِكَ فِي مُلْكِي شَيْئًا،

يَا عِبَادِي لَوْ أَنَّ أَوَّلَكُمْ وَآخِرَكُمْ وَإِنْسَكُمْ وَجِنَّكُمْ كَانُوا عَلَى أَفْجَرِ قَلْبِ رَجُلٍ وَاحِدٍ مَا نَقَصَ ذَلِكَ مِنْ مُلْكِي شَيْئًا،

Oi Minun palvelijani, jos ensimmäinen teistä ja viimeinen teistä sekä ihmiset ja henkiolennot joukostanne olisivat kaikki yhtä hurskaita kuin hurskain sydän joukostanne, niin se ei lisäisi Minun valtakuntaani lainkaan.

Oi Minun palvelijani, jos ensimmäinen teistä ja viimeinen teistä sekä ihmiset ja henkiolennot joukostanne olisivat yhtä pahoja kuin pahin sydän joukostanne, niin se ei vähentäisi Minun valtakuntaani lainkaan.

Oi Minun palvelijani, jos ensimmäinen teistä ja viimeinen teistä sekä kaikki ihmiset ja henkiolennot joukostanne seisoisitte yhdessä paikassa ja pyytäisitte Minulta ja antaisin jokaiselle sen, mitä hän toivoi, niin se ei vähentäisi siitä, mitä Minä omistan enempää kuin neula vie valtamerestä, jos sen sinne upottaisi.

Oi Minun palvelijani, ne ovat vain teidän omat tekonne, jotka lasken teille ja sitten annan teille niistä täyden (tekojen mukaisen) **vastineen**. Joten hän, joka löytää hyvää, ylistäköön hän Allahia ja hän, joka löytää muuta kuin sitä (hyvää), olkoon hän syyttämättä ketään muuta kuin itseään."

Tämän raportoi Muslim (2577).

25. hadith: Hyvien teko-jen tyypit

Abu Dharrilta - Allah olkoon tyytyväinen häneen - on myös raportoitu, että (jotkut) ihmiset Allahin sanansaattajan ﷺ seuralaisten joukosta sanoivan profeetalle ﷺ: "Oi Allahin sanansaattaja, rikkaat ovat ottaneet kaikki

يَا عِبَادِي لَوْ أَنَّ أَوَّلَكُمْ وَآخِرَكُمْ وَإِنْسَكُمْ وَجِنَّكُمْ قَامُوا فِي صَعِيدٍ وَاحِدٍ فَسَأَلُونِي فَأَعْطَيْتُ كُلَّ إِنْسَانٍ مِنْهُمْ مَسْأَلَتَهُ مَا نَقَصَ

ذَلِكَ مِمَّا عِنْدِي إِلَّا كَمَا يَنْقُصُ الْمِخْيَطُ إِذَا دَخَلَ الْبَحْرَ،

يَا عِبَادِي إِنَّمَا هِيَ أَعْمَالُكُمْ أُحْصِيهَا لَكُمْ ثُمَّ أُوَفِّيكُمْ إِيَّاهَا، فَمَنْ وَجَدَ خَيْرًا فَلْيَحْمَدِ اللَّهَ وَمَنْ وَجَدَ غَيْرَ ذَلِكَ فَلَا يَلُومَنَّ إِلَّا نَفْسَهُ»

رَوَاهُ مُسْلِمٌ (٢٥٧٧).

الْحَدِيثُ الْخَامِسُ وَالْعِشْرُونَ: أَنْوَاعُ الْأَعْمَالِ الْخَيْرِيَّةِ

عَنْ أَبِي ذَرٍّ ـ رَضِيَ اللَّهُ عَنْهُ ـ أَيْضًا «أَنَّ نَاسًا مِنْ أَصْحَابِ رَسُولِ اللَّهِ ﷺ قَالُوا لِلنَّبِيِّ ﷺ: يَا رَسُولَ اللَّهِ ذَهَبَ أَهْلُ الدُّثُورِ بِالْأُجُورِ، يُصَلُّونَ

palkkiot. He rukoilevat kuin me rukoilemme, he paastovat kuin me paastoamme ja he antavat (paljon enemmän) hyväntekeväisyyttä heidän ylimääräisestä varallisuudestaan." Hän ﷺ sanoi:

"Eikö Allah ole antanut teille tapoja, joilla tehdä hyväntekeväisyyttä? Totisesti, jokainen *tasbiihah* (*subhan–Allah* – ylistyksen lausuminen) on hyväntekeväisyyttä, jokainen *takbiir* (*Allahu Akbar* – ylistyksen lausuminen) on hyväntekeväisyyttä, jokainen *tahmiidah* (*Alhamdullillah* – ylistyksen lausuminen) on hyväntekeväisyyttä ja jokainen *tahliilah* (*laa ilaaha ill–Allah'n* lausuminen) on hyväntekeväisyyttä. Hyvään käskeminen on hyväntekeväisyyttä ja pahan kieltäminen on hyväntekeväisyyttä ja teidän harrastamassanne yhdynnässä (vaimojenne kanssa) on hyväntekeväisyyttä."

He sanoivat: "Oi Allahin sanansaattaja, kun joku meistä tyydyttää hänen halunsa, tuleeko hän saamaan palkkiota siitä?" Hän ﷺ sanoi:

"Näettekö te, että jos hän tyydyttää halunsa kielletyllä, hän saisi synnin taakan? Samalla tavalla, jos hän tyydyttää itsensä sallitulla, hän tulee saamaan palkkiota."

Tämän raportoi Muslim (1006).

26. hadith: Ihmisten välien sovittaminen

Abu Hurairalta – Allah olkoon tyytyväinen häneen – on raportoitu, että hän sanoi, että Allahin sanansaattaja ﷺ sanoi:

كَمَا نُصَلِّي، وَيَصُومُونَ كَمَا نَصُومُ، وَيَتَصَدَّقُونَ بِفُضُولِ أَمْوَالِهِمْ، قَالَ:

«أَوَلَيْسَ قَدْ جَعَلَ اللَّهُ لَكُمْ مَا تَصَّدَّقُونَ؟ إِنَّ بِكُلِّ تَسْبِيحَةٍ صَدَقَةً، وَكُلِّ تَكْبِيرَةٍ صَدَقَةً، وَكُلِّ تَحْمِيدَةٍ صَدَقَةً، وَكُلِّ تَهْلِيلَةٍ صَدَقَةً، وَأَمْرٌ بِالْمَعْرُوفِ صَدَقَةٌ، وَنَهْيٌ عَنْ مُنْكَرٍ صَدَقَةٌ، وَفِي بُضْعِ أَحَدِكُمْ صَدَقَةٌ»

قَالُوا: يَا رَسُولَ اللَّهِ، أَيَأْتِي أَحَدُنَا شَهْوَتَهُ وَيَكُونُ لَهُ فِيهَا أَجْرٌ؟ قَالَ:

«أَرَأَيْتُمْ لَوْ وَضَعَهَا فِي حَرَامٍ، أَكَانَ عَلَيْهِ وِزْرٌ؟ فَكَذَلِكَ إِذَا وَضَعَهَا فِي الْحَلَالِ كَانَ لَهُ أَجْرٌ»

رَوَاهُ مُسْلِمٌ (١٠٠٦).

الْحَدِيثُ السَّادِسُ وَالْعِشْرُونَ: الْإِصْلَاحُ بَيْنَ النَّاسِ

عَنْ أَبِي هُرَيْرَةَ، ‐ رَضِيَ اللَّهُ عَنْهُ ‐ قَالَ: قَالَ رَسُولُ اللَّهِ ﷺ:

"Jokaisen ihmisen nivelet ovat velvoitettuja tekemään hyväntekeväisyyttä joka päivä, kun aurinko nousee. Kahden ihmisen välien sovittaminen oikeudenmukaisesti on hyväntekeväisyyttä. Henkilön auttaminen hänen ratsunsa suhteen nostamalla hänet sen selkään tai nostamalla hänen tavaransa sinne ylös on hyväntekeväisyyttä. Ja hyvä puhe on hyväntekeväisyyttä, ja jokainen askel, jonka henkilö ottaa kohti rukousta on hyväntekeväisyyttä. Ja haitallisen asian poistaminen tieltä on hyväntekeväisyyttä."

Tämän raportoi al-Bukhari (2989) ja Muslim (1009).

«كُلُّ سُلَامَى مِنَ النَّاسِ عَلَيْهِ صَدَقَةٌ كُلَّ يَوْمٍ تَطْلُعُ فِيهِ الشَّمْسُ يَعْدِلُ بَيْنَ الِاثْنَيْنِ صَدَقَةٌ، وَيُعِينُ الرَّجُلَ فِي دَابَّتِهِ، فَيَحْمِلُهُ عَلَيْهَا، أَوْ يَرْفَعُ لَهُ عَلَيْهَا مَتَاعَهُ صَدَقَةٌ، وَالْكَلِمَةُ الطَّيِّبَةُ صَدَقَةٌ، وَبِكُلِّ خُطْوَةٍ يَمْشِيهَا إِلَى الصَّلَاةِ صَدَقَةٌ، وَتُمِيطُ الْأَذَى عَنِ الطَّرِيقِ صَدَقَةٌ»

رَوَاهُ الْبُخَارِيُّ (٢٩٨٩)، وَمُسْلِمٌ (١٠٠٩).

27. hadith: Hurskaus on hyvää käytöstä

الْحَدِيثُ السَّابِعُ وَالْعِشْرُونَ: الْبِرُّ حُسْنُ الْخُلُقِ

An-Nawwas ibn Sam'aan al-Ansaarilta - Allah olkoon tyytyväinen häneen - on raportoitu, että hän sanoi: "Kysyin Allahin sanansaattajalta hurskaudesta ja synnistä, joten hän ﷺ sanoi:

عَنِ النَّوَّاسِ بْنِ سَمْعَانَ الْأَنْصَارِيِّ - رَضِيَ اللهُ عَنْهُ - قَالَ: سَأَلْتُ رَسُولَ اللَّهِ ﷺ عَنِ الْبِرِّ وَالْإِثْمِ، فَقَالَ:

"Hurskaus on hyvää käytöstä ja synti on sitä, mikä saa rintasi (eli sielusi) epäröimään sekä sellainen (teko), jonka inhoaisit ihmisten saavan selville[1]."

Tämän raportoi Muslim (2553).

«الْبِرُّ حُسْنُ الْخُلُقِ، وَالْإِثْمُ مَا حَاكَ فِي صَدْرِكَ وَكَرِهْتَ أَنْ يَطَّلِعَ عَلَيْهِ النَّاسُ»

رَوَاهُ مُسْلِمٌ (٢٥٥٣).

Ja Waabisah ibn Ma'badilta on raportoitu, että hän sanoi: "Minä tuli Allahin sanansaattajan ﷺ luokse ja hän sanoi:

وَعَنْ وَابِصَةَ بْنِ مَعْبَدٍ قَالَ: «أَتَيْتُ رَسُولَ اللَّهِ ﷺ فَقَالَ:

"Tulit kysymään hurskaudesta ja synnistä?"

---

[1] Koraanissa ja sunnassa ilmoitettujen hurskauden piirteiden lisäksi.

Sanoin: "Kyllä." Hän ﷺ sanoi: "**Konsultoi sydäntäsi** (asioista, joista ei ole selkeää säädöstä). **Hurskaus on sitä, mistä sielusi tuntee rauhaa ja mistä sydän on tyytyväinen. Synti on**[1] **sitä, mikä saa sielusi epäröimään ja aiheuttaa epäilystä rinnassasi, vaikka ihmiset jatkuvasti sanoisivat** (mielipiteenä)**, että se on sinulle sallittua.**

Tämä *hadith* on *hasan* (an-Nawawin mukaan). Olemme raportoineet sen kahden imaamin *Musnadeissa*: imaami Ahmad ibn Hanbalin (18028) sekä imaami ad-Daarimiin (2533) – *hasan*-ketjulla.

جِئْتَ تَسْأَلُ عَنِ الْبِرِّ وَالإِثْمِ؟ قُلْتُ: نَعَمْ، قَالَ: «اسْتَفْتِ قَلْبَكَ، الْبِرُّ مَا اطْمَأَنَّتْ إِلَيْهِ النَّفْسُ، وَاطْمَأَنَّ إِلَيْهِ الْقَلْبُ، وَالإِثْمُ مَا حَاكَ فِي النَّفْسِ، وَتَرَدَّدَ فِي الصَّدْرِ، وَإِنْ أَفْتَاكَ النَّاسُ وَأَفْتَوْكَ»

حَدِيثٌ حَسَنٌ، رَوَيْنَاهُ فِي «مُسْنَدَيِ الإِمَامَيْنِ أَحْمَدَ بْنِ حَنْبَلٍ (١٨٠٢٨)، وَالدَّارِمِيِّ (٢٥٣٣)» بِإِسْنَادٍ حَسَنٍ.

28. hadith: Velvollisuus pitää kiinni sunnasta

الْحَدِيثُ الثَّامِنُ وَالْعِشْرُونَ: وُجُوبُ لُزُومِ السُّنَّةِ

Abu Najiih al-'Irbaad ibn Sariyalta – Allah olkoon tyytyväinen häneen – on raportoitu, että hän sanoi: "Allahin sanansaattaja ﷺ piti meille puheen, jonka vuoksi sydämemme täyttyivät pelolla ja kyyneleet tulivat silmiimme. Sanoimme: 'Oi Allahin sanansaattaja, on kuin tämä olisi hyvästelypuhe. Miten neuvoisit meitä?' Hän ﷺ sanoi:

'**Minä neuvon teitä omaamaan** *taqwaa* **Allahia kohtaan ja kuuntelemaan ja tottelemaan** (johtajianne)**, vaikka orjasta tulisi teidän johtajanne. Totisesti hän, joka elää jälkeeni, tulee näkemään paljon erimielisyyksiä. Teidän tulee pitäytyä minun** *sunnassani* **sekä hurskaiden ja oikein opastettujen johtajien** *sunnassa*. **Pitäkää siitä** (*sunnasta*) **kiinni takahampaillanne. Olkaa varuillanne uusista** (uskontoon liittyvistä) **keksityistä asioista, sillä**

عَنْ أَبِي نَجِيحٍ، الْعِرْبَاضِ بْنِ سَارِيَةَ – رَضِيَ اللَّهُ عَنْهُ – قَالَ: «وَعَظَنَا رَسُولُ اللَّهِ ﷺ مَوْعِظَةً، وَجِلَتْ مِنْهَا الْقُلُوبُ، وَذَرَفَتْ مِنْهَا الْعُيُونُ، فَقُلْنَا: يَا رَسُولَ اللَّهِ، كَأَنَّهَا مَوْعِظَةُ مُوَدِّعٍ، فَأَوْصِنَا، قَالَ: أُوصِيكُمْ بِتَقْوَى اللَّهِ، وَالسَّمْعِ وَالطَّاعَةِ، وَإِنْ تَأَمَّرَ عَلَيْكُمْ عَبْدٌ، فَإِنَّهُ مَنْ يَعِشْ مِنْكُمْ فَسَيَرَى اخْتِلَافًا كَثِيرًا، فَعَلَيْكُمْ بِسُنَّتِي وَسُنَّةِ الْخُلَفَاءِ الرَّاشِدِينَ، عَضُّوا عَلَيْهَا بِالنَّوَاجِذِ، وَإِيَّاكُمْ وَمُحْدَثَاتِ الْأُمُورِ، فَإِنَّ كُلَّ بِدْعَةٍ ضَلَالَةٌ»

رَوَاهُ أَبُو دَاوُدَ (٤٦٠٧)، وَالتِّرْمِذِيُّ (٢٦٧٦)، وَقَالَ: «حَدِيثٌ حَسَنٌ صَحِيحٌ».

---

[1] Koraanissa ja *sunnassa* ilmoitettujen syntien lisäksi. Tämä ohjeistus ei päde niihin synteihin eikä säädöksiin, joiden säädös on kuitenkin selkeä Koraanissa tai *sunnassa*.

totisesti jokainen innovaatio (uskonnossa) on harhassa.'"

Tämän raportoi Abu Dawud (4607) ja at-Tirmidhi (2676) ja hän sanoi: "Tämä *hadith* on *hasan-sahih.*" [*Hadith* on *sahih* al-Arna'utin mukaan]

29. hadith: Mikä saa aikaan pääsyn paratiisiin

Mu'adh ibn Jabalilta - Allah olkoon tyytyväinen häneen - on raportoitu, että hän sanoi: "Sanoin: 'Oi Allahin sanansaattaja, kerro minulle teko, joka vie minut paratiisiin ja pitää minut poissa tulesta?' Hän ﷺ sanoi:

'Totisesti, olet kysynyt suuresta asiasta ja totisesti se on helppoa hänelle, jolle Allah on tehnyt sen helpoksi. (Se on sitä, että) palvot Allahia ilman, että asetat Hänen vertaisekseen mitään, suoritat rukoukset, annat almuveron, paastoat *ramadanin* **ja suoritat pyhiinvaelluksen taloon (Kaabaan).'**

Sitten hän ﷺ sanoi:

'Enkö ohjaisi sinua hyvyyden porteille? Paasto on suojakilpi, hyväntekeväisyys pyyhkii syntejä kuin vesi sammuttaa tulen ja (hyvyys on myös) miehen rukous, joka on suoritettu yön keskellä.'

Sitten hän ﷺ resitoi (jakeet):

'Heidän kylkensä hylkäävät heidän sänkynsä - -' kunnes hän ﷺ saapui

الحَدِيثُ التَّاسِعُ وَالعِشْرُونَ: مَا يُدْخِلُ الجَنَّةَ

عَنْ مُعَاذِ بْنِ جَبَلٍ ـ رَضِيَ اللَّهُ عَنْهُ ـ قَالَ: قُلْتُ: يَا رَسُولَ اللَّهِ أَخْبِرْنِي بِعَمَلٍ يُدْخِلُنِي الْجَنَّةَ وَيُبَاعِدُنِي مِنَ النَّارِ، قَالَ:

لَقَدْ سَأَلْتَ عَنْ عَظِيمٍ وَإِنَّهُ لَيَسِيرٌ عَلَى مَنْ يَسَّرَهُ اللَّهُ تعالى عَلَيْهِ: تَعْبُدُ اللَّهَ لَا تُشْرِكُ بِهِ شَيْئًا، وَتُقِيمُ الصَّلَاةَ، وَتُؤْتِي الزَّكَاةَ، وَتَصُومُ رَمَضَانَ، وَتَحُجُّ الْبَيْتَ.

ثُمَّ قَالَ:

أَلَا أَدُلُّكَ عَلَى أَبْوَابِ الْخَيْرِ؟ الصَّوْمُ جُنَّةٌ، وَالصَّدَقَةُ تُطْفِئُ الْخَطِيئَةَ كَمَا يُطْفِئُ الْمَاءُ النَّارَ، وَصَلَاةُ الرَّجُلِ مِنْ جَوْفِ اللَّيْلِ،

ثُمَّ تَلَا:

﴿تَتَجَافَى جُنُوبُهُمْ عَنِ الْمَضَاجِعِ﴾ حَتَّى بَلَغَ: ﴿يَعْمَلُونَ﴾،

kohtaan: '- - *mitä he tekevät.*'[1] (*32:16-17*)

Sitten hän ﷺ sanoi:

'Enkö kertoisi sinulle asian päästä, sen pilarista ja sen huipusta?'

Sanoin: 'Tietenkin, oi Allahin sanansaattaja.' Hän ﷺ sanoi:

'Asian pää on islam, sen pilari on rukous ja sen huippu on (islamin ja muslimien puolesta) **ahertaminen.**'

Sitten hän ﷺ sanoi:

'Enkö kertoisi sinulle, mikä on kaiken tämän ydin?'

Sanoin: 'Kyllä, oi Allahin sanansaattaja.' Sitten hän ﷺ otti kiinni kielestään ja sanoi:

'Pidä tämä kurissa.'

Sanoin: 'Oi Allahin profeetta, laitetaanko meidät vastuuseen siitä, mitä sanomme?' Hän ﷺ sanoi:

'Menettäköön äitisi sinut (arabiankielinen sanonta), oi Mu'adh! Onko mitään, mikä heittää ihmisiä helvetin tuleen heidän kasvoilleen tai sieraimilleen enemmän kuin heidän kielensä sato?'"

Tämän raportoi at-Tirmidhi (2616) ja hän sanoi: "Tämä *hadith* on *hasan-sahih.*"

ثُمَّ قَالَ:

أَلَا أُخْبِرُكَ بِرَأْسِ الْأَمْرِ وَعَمُودِهِ وَذُرْوَةِ سَنَامِهِ؟

قُلْتُ: بَلَى يَا رَسُولَ اللَّهِ، قَالَ:

رَأْسُ الْأَمْرِ الْإِسْلَامُ، وَعَمُودُهُ الصَّلَاةُ، وَذُرْوَةُ سَنَامِهِ الْجِهَادُ،

ثُمَّ قَالَ:

أَلَا أُخْبِرُكَ بِمِلَاكِ ذَلِكَ كُلِّهِ؟

قُلْتُ: بَلَى يَا رَسُولَ اللَّهِ، فَأَخَذَ بِلِسَانِهِ، قَالَ:

كُفَّ عَلَيْكَ هَذَا،

قُلْتُ: يَا نَبِيَّ اللَّهِ، وَإِنَّا لَمُؤَاخَذُونَ بِمَا نَتَكَلَّمُ بِهِ؟ فَقَالَ:

ثَكِلَتْكَ أُمُّكَ، وَهَلْ يَكُبُّ النَّاسَ فِي النَّارِ عَلَى وُجُوهِهِمْ، أَوْ عَلَى مَنَاخِرِهِمْ إِلَّا حَصَائِدُ أَلْسِنَتِهِمْ»

رَوَاهُ التِّرْمِذِيُّ (٢٦١٦) وَقَالَ: «حَدِيثٌ حَسَنٌ صَحِيحٌ».

---

[1] Koko jae kääntyy seuraavasti:

﴿تَتَجَافَى جُنُوبُهُمْ عَنِ الْمَضَاجِعِ يَدْعُونَ رَبَّهُمْ خَوْفًا وَطَمَعًا وَمِمَّا رَزَقْنَاهُمْ يُنْفِقُونَ﴾

"Heidän kylkensä hylkäävät heidän sänkynsä kutsuakseen heidän Valtiastaan pelosta ja toivosta. Ja he kuluttavat (hyväntekeväisyyttä) siitä, mitä Me olemme heille siunanneet.

﴿فَلَا تَعْلَمُ نَفْسٌ مَّا أُخْفِيَ لَهُمْ مِنْ قُرَّةِ أَعْيُنٍ جَزَاءً بِمَا كَانُوا يَعْمَلُونَ﴾

Yksikään sielu ei tiedä, mitä iloa heiltä on pidetty piilossa palkkiona siitä, mitä heillä oli tapana tehdä." (32:16-17)

30. hadith: Allahin, Korkeimman, oikeudet

الحَدِيثُ الثَّلَاثُونَ: حُقُوقُ اللهِ تَعَالَى

Abu Tha'labah al-Khushani Gurthuum ibn Naashirilta - Allah olkoon tyytyväinen häneen - on raportoitu, että Allahin sanansaattaja ﷺ sanoi:

عَنْ أَبِي ثَعْلَبَةَ الخُشَنِيّ - جُرْثُومِ بْنِ نَاشِرٍ - رَضِيَ اللهُ عَنْهُ - عَنْ رَسُولِ اللهِ ﷺ، قَالَ:

"Totisesti Allah on asettanut pakollisia uskonnollisia velvollisuuksia, joten älkää laiminlyökö niitä. Hän on asettanut rajat, joten älkää ylittäkö niitä.

«إِنَّ اللهَ فَرَضَ فَرَائِضَ، فَلَا تُضَيِّعُوهَا، وَحَدَّ حُدُودًا فَلَا تَعْتَدُوهَا،

Ja Hän on kieltänyt joitakin asioita, joten älkää rikkoko näitä (kieltoja). Ja Hän on pysynyt vaiti joistakin asioista armon vuoksi - ei unohtavaisuuden takia - joten älkää tutkiko niitä."

وَحَرَّمَ أَشْيَاءَ، فَلَا تَنْتَهِكُوهَا، وَسَكَتَ عَنْ أَشْيَاءَ رَحْمَةً لَكُمْ غَيْرَ نِسْيَانٍ، فَلَا تَبْحَثُوا عَنْهَا»

Tämä *hadith* on *hasan* (an-Nawawin mukaan). Sen on raportoinut ad-Daaraqutni (184) sekä muut. [*Hadith* on *sahih* ibn al-Qayyimin mukaan.]

حَدِيثٌ حَسَنٌ، رَوَاهُ الدَارَقُطْنِي (١٨٤) وَغَيْرُهُ.

31. hadith: Askeettisuuden aito tarkoitus

الحَدِيثُ الحَادِي وَالثَّلَاثُونَ: الزُّهْدُ الحَقِيقِيُّ

Abu Abbaas Sahl ibn Sa'd as-Saa'idi - Allah olkoon tyytyväinen häneen - sanoi: "Eräs mies tuli profeetan ﷺ luokse ja hän sanoi: 'Oi Allahin sanansaattaja, ohjaa minut tekoon, joka saa Allahin sekä ihmiset rakastamaan minua tehdessäni sitä.' Hän ﷺ sanoi:

عَنْ أَبِي العَبَّاسِ، سَهْلِ بْنِ سَعْدٍ السَّاعِدِيّ - رَضِيَ اللهُ عَنْهُ - قَالَ: جَاءَ رَجُلٌ إِلَى النَّبِيِّ ﷺ فَقَالَ: يَا رَسُولَ اللهِ دُلَّنِي عَلَى عَمَلٍ إِذَا عَمِلْتُهُ أَحَبَّنِي اللهُ، وَأَحَبَّنِي النَّاسُ، فَقَالَ:

'Luovu kiintymyksestä tätä maailmaa kohtaan (askeettisesti) ja Allah tulee rakastamaan sinua. Luovu niiden asioiden tavoittelemisesta, mitä ihmiset omistavat ja ihmiset tulevat rakastamaan sinua.'"

«ازْهَدْ فِي الدُّنْيَا يُحِبَّكَ اللهُ، وَازْهَدْ فِيمَا عِنْدَ النَّاسِ يُحِبَّكَ النَّاسُ»

Tämä *hadith* on *hasan* (an-Nawawin mukaan). Sen raportoi ibn Majah (4102) ja muut *hasan*-kertomaketjuilla.

حَدِيثٌ حَسَنٌ، رَوَاهُ ابْنُ مَاجَهْ (٤١٠٢) وَغَيْرُهُ، بِأَسَانِيدَ حَسَنَةٍ.

32. hadith: Itseään tai muita ei tule vahingoittaa

الحَدِيثُ الثَّانِي وَالثَّلَاثُونَ: لَا ضَرَرَ وَلَا ضِرَارَ

Abu Sa'id al-Khudri – Allah olkoon tyytyväinen häneen – raportoi, että profeetta ﷺ sanoi:

عَنْ أَبِي سَعِيدٍ الْخُدْرِيِّ – رَضِيَ اللَّهُ عَنْهُ – أَنَّ النَّبِيَّ ﷺ قَالَ:

"Ei tulisi aiheuttaa haittaa, eikä vastavuoroisesti haitata."[1]

«لَا ضَرَرَ وَلَا ضِرَارَ»

Tämä *hadith* on *hasan* (an-Nawawin mukaan). Sen on raportoinut ibn Majah, ad-Daaraqutnin sekä muut kokonaisella kertomaketjulla. Ja sen raportoi Maalik *Muwattassa* (ketjulla): "Amr ibn Yahya raportoi hänen isältään, joka raportoi profeetalta ﷺ *mursalina* (ilman seuralaisen mainintaa), sillä hän jätti Abu Sa'idin mainitsematta. Ja tällä (*hadithilla*) on monia kertomaketjuja vahvistamassa toinen toisiaan.

حَدِيثٌ حَسَنٌ، رَوَاهُ ابْنُ مَاجَهْ، وَالدَّارَقُطْنِيُّ، وَغَيْرُهُمَا، مُسْنَدًا. وَرَوَاهُ مَالِكٌ فِي «الْمُوَطَّأِ» – عَنْ عَمْرِو بْنِ يَحْيَى، عَنْ أَبِيهِ، عَنِ النَّبِيِّ ﷺ مُرْسَلًا، فَأَسْقَطَ أَبَا سَعِيدٍ. وَلَهُ طُرُقٌ يُقَوِّي بَعْضُهَا بَعْضًا.

33. hadith: Väittäjän on tuotava todiste

الحَدِيثُ الثَّالِثُ وَالثَّلَاثُونَ: الْبَيِّنَةُ عَلَى الْمُدَّعِي

Ibn Abbasilta – Allah olkoon tyytyväinen heihin – on raportoitu, että Allahin sanansaattaja ﷺ sanoi:

عَنِ ابْنِ عَبَّاسٍ – رَضِيَ اللَّهُ عَنْهُمَا – أَنَّ رَسُولَ اللَّهِ ﷺ قَالَ:

"Jos ihmisille annettaisiin kaikki, mitä he vaativat väitteistään, niin miehet tulisivat vaatimaan (epäoikeudenmukaisesti) toisten ihmisten omaisuuksia ja elämiä. Mutta todisteen esittämisen velvollisuus on vaatimuksen esittäjän yllä ja vannomisen velvollisuus on hänen yllään, joka kieltää (sen, mitä hänestä väitetään)."

«لَوْ يُعْطَى النَّاسُ بِدَعْوَاهُمْ، لَادَّعَى رِجَالٌ أَمْوَالَ قَوْمٍ وَدِمَاءَهُمْ لَكِنَّ الْبَيِّنَةَ عَلَى الْمُدَّعِي وَالْيَمِينَ عَلَى مَنْ أَنْكَرَ»

حَدِيثٌ حَسَنٌ، رَوَاهُ الْبَيْهَقِيُّ (٢١٧٣٣) وَغَيْرُهُ هَكَذَا، وَبَعْضُهُ فِي «الصَّحِيحَيْنِ».

---

[1] *Hadithin* voi myös kääntää: "Älä aiheuta haittaa itsellesi, äläkä muille." ja muutamalla muulla vaihtoehdolla huomioiden eri selitykset *hadithin* merkityksestä. Ibn Rajab al-Hanbali – Allah armahtakoon hänet – sanoi tästä *hadithista*:

وَاخْتَلَفُوا هَلْ بَيْنَ اللَّفْظَيْنِ – أَعْنِي الضَّرَرَ وَالضِّرَارَ – فَرْقٌ أَمْ لَا؟ ... فَالْمَعْنَى: أَنَّ الضَّرَرَ نَفْسَهُ مُنْتَفٍ فِي الشَّرْعِ. وَالضِّرَارُ: أَنْ يَدْخُلَ عَلَى غَيْرِهِ ضَرَرًا

"Ja he (eli oppineet) ovat erimielisiä siitä, onko (näiden) kahden sanan - tarkoitan 'darar ja diraar' - välillä eroa tai ei? - - Joten se (ensimmäinen sana) tarkoittaa sitä, että itsessään haitallisuus on jotain, mitä *sharia* hylkää (ja kieltää). - - ja 'diraar' on sitä, että hän aiheuttaa muille haittaa." (*Jaami' al-'ulum wal-hikam* 911/3)

138

Tämä *hadith* on *hasan* (an-Nawawin mukaan).
Sen raportoi al-Bayhaqi (21733) ja muut samalla
tavalla. Osa siitä on mainittu kahdessa
autenttisessa (eli al-Bukharissa sekä Muslimissa).

34. hadith: Hyvään käskeminen ja pahan kieltäminen

الْحَدِيثُ الرَّابِعُ وَالثَّلَاثُونَ: الْأَمْرُ
بِالْمَعْرُوفِ وَالنَّهْيُ عَنِ الْمُنْكَرِ

Abu Sa'iid al-Khudri – Allah olkoon
tyytyväinen häneen – sanoi: "Kuulin Allahin
sanansaattajan ﷺ sanovan:

عَنْ أَبِي سَعِيدٍ الْخُدْرِيِّ – رَضِيَ اللَّهُ عَنْهُ –
قَالَ: سَمِعْتُ رَسُولَ اللَّهِ ﷺ يَقُولُ:

**"Kuka ikinä teistä näkee pahaa,
vaihtakoon hän sen kädellään[1]. Jos hän ei
pysty siihen, niin hänen kielellään[2] ja jos
hän ei pysty siihen, niin sitten hänen
sydämellään[3] – ja tuo on uskon heikoin
taso[4]."**

«مَنْ رَأَى مِنْكُمْ مُنْكَرًا فَلْيُغَيِّرْهُ بِيَدِهِ، فَإِنْ لَمْ
يَسْتَطِعْ فَبِلِسَانِهِ، فَإِنْ لَمْ يَسْتَطِعْ فَبِقَلْبِهِ، وَذَلِكَ
أَضْعَفُ الْإِيمَانِ»

Tämän raportoi Muslim (49).

رَوَاهُ مُسْلِمٌ (٤٩).

---

[1] Islamin rajoissa sallitulla tavalla.

[2] Kielellä muuttamiseen kuuluu neuvominen, hyvään käskeminen tai rohkaiseminen sekä pahan kieltäminen tai säädöksien
esille tuominen. Jokaisella on oltava ymmärrys siitä, mitä hän sanoo, jos hän ottaa askeleen muuttaakseen tilannetta hänen
kielellään.

Sufyan at-Thawri – Allah armahtakoon hänet – sanoi:

لَا يَأْمُرُ بِالْمَعْرُوفِ وَلَا يَنْهَى عَنِ الْمُنْكَرِ إِلَّا مَنْ كَانَ فِيهِ خِصَالٌ ثَلَاثٌ رَفِيقٌ بِمَا يَأْمُرُ رَفِيقٌ بِمَا يَنْهَى عَدْلٌ بِمَا يَأْمُرُ عَدْلٌ بِمَا يَنْهَى عَالِمٌ بِمَا
يَأْمُرُ عَالِمٌ بِمَا يَنْهَى

"Hyvään käskeminen ja pahaan kieltäminen on sopivaa vain hänelle, jolla on kolme ominaisuutta: (1) lempeys siinä, mihin
hän käskee ja mitä hän kieltää, (2) oikeudenmukaisuus siinä, mihin hän käskee ja mitä hän kieltää, (3) ja tieto siitä, mihin hän
käskee ja mitä hän kieltää."

(Al-Amr bil-ma'ruuf lil-khallaal 32)

Tämä tarkoittaa sitä, että meidän tulee olla varmoja onko asia kiellettyä uskonnossa, jos kiellämme sen ihmisiltä. Samalla
tavalla meidän olisi hyvä tietää onko asia, johon käskemme, ainoa oikea vaihtoehto Koraanin ja *sunnan* pohjalta.

Al-Qadi Abu Ya'la – Allah armahtakoon hänet – sanoi:

لَا يَأْمُرُ بِالْمَعْرُوفِ وَيَنْهَى عَنِ الْمُنْكَرِ إِلَّا مَنْ كَانَ فَقِيهًا فِيمَا يَأْمُرُ بِهِ فَقِيهًا فِيمَا يَنْهَى عَنْهُ رَفِيقًا فِيمَا يَأْمُرُ بِهِ رَفِيقًا فِيمَا يَنْهَى عَنْهُ حَلِيمًا فِيمَا
يَأْمُرُ بِهِ حَلِيمًا فِيمَا يَنْهَى عَنْهُ.

"Kenenkään teistä ei tule kutsua hyvään eikä kieltää pahaa, ellei henkilö ymmärrä mihin hän käskee ja mitä hän kieltää. Ja
jokaisen tulee olla lempeä ja kärsivällinen, kun hän käskee ja kieltää."

(Al-Amr bil ma'ruf li-ibn Taymiyyah 1/20-21)

[3] Eli inhotkoon hän pahuutta sydämessään ja toimikoon hän sen mukaisesti esimerkiksi poistumalla tilanteesta ja rukoilemalla
asiasta Allahille – Kaikkivaltiaalle, jolla on kyky vaikuttaa asiaan. Ja Allah tekee, mitä Hän tahtoo.

[4] Eli se, että asian eteen ei pyri tekemään kaikkea, mitä voisi, kuten neuvoa tilanteessa muita.

139

35. hadith: Veljeys islamissa

Abu Huraira - Allah olkoon tyytyväinen häneen - sanoi, että Allahin sanansaattaja ﷺ sanoi:

"Älkää olko kateellisia toisillenne[1], älkääkä paisuttako hintoja toisillenne, älkääkä inhotko toisianne, ja älkää kääntykö pois toistenne luota[2], älkääkä pettäkö kaupankäynnin aikana tehtyjä sopimuksia. Olkaa sen sijaan Allahin palvelijoita veljinä. Muslimi on toisen muslimin veli. Hän ei tee vääryyttä tälle, eikä hän häpäise tätä, eikä hän valehtele tälle[3], eikä hän katso häntä alaspäin. Hurskaus on täällä."

Ja hän ﷺ osoitti hänen rintaansa kolme kertaa (ja hän ﷺ jatkoi):

"On tarpeeksi paha, että muslimi katsoo veljeään alaspäin. Kaikki muslimissa on toiselle muslimille pyhää[4] - hänen henkensä, hänen omaisuutensa ja hänen kunniansa."

Tämän raportoi Muslim (2564).

الْحَدِيثُ الْخَامِسُ وَالثَّلَاثُونَ: أُخُوَّةُ الإِسْلَام

عَنْ أَبِي هُرَيْرَةَ ـ رَضِيَ اللَّهُ عَنْهُ ـ قَالَ: قَالَ رَسُولُ اللَّهِ ﷺ:

«لَا تَحَاسَدُوا، وَلَا تَنَاجَشُوا، وَلَا تَبَاغَضُوا، وَلَا تَدَابَرُوا، وَلَا يَبِعْ بَعْضُكُمْ عَلَى بَيْعِ بَعْضٍ، وَكُونُوا عِبَادَ اللَّهِ إِخْوَانًا، الْمُسْلِمُ أَخُو الْمُسْلِمِ، لَا يَظْلِمُهُ، وَلَا يَخْذُلُهُ، وَلَا يَكْذِبُهُ، وَلَا يَحْقِرُهُ، التَّقْوَى هَاهُنَا؛

وَيُشِيرُ إِلَى صَدْرِهِ ثَلَاثَ مَرَّاتٍ ـ

بِحَسْبِ امْرِئٍ مِنَ الشَّرِّ أَنْ يَحْقِرَ أَخَاهُ الْمُسْلِمَ، كُلُّ الْمُسْلِمِ عَلَى الْمُسْلِمِ حَرَامٌ، دَمُهُ، وَمَالُهُ، وَعِرْضُهُ»

رَوَاهُ مُسْلِمٌ (٢٥٦٤).

---

[1] Eli, jos tunnette kateutta, niin älkää tehkö toisillenne haittaa kateuden vuoksi, vaan pyytäkää toisillenne pyyntörukouksissanne siunausta asiaan, josta tunnette kateutta. Profeetta ﷺ sanoi:

إِذَا رَأَى أَحَدُكُمْ مِنْ أَخِيهِ أَوْ مِنْ نَفْسِهِ أَوْ مِنْ مَالِهِ مَا يُعْجِبُهُ فَلْيُبَرِّكْهُ فَإِنَّ الْعَيْنَ حَقٌّ

"Jos joku teistä näkee jotain hänen veljellään tai hänessä itsessä tai hänen omaisuudessaan, joka tekee häneen vaikutuksen, niin pyytäköön hän siunausta siihen. Totisesti, kateellisen paha silmä on totta (Allahin luvalla)." (*Musnad Ahmad* 15700, *sahih* al-Albanin mukaan)

'Aqil bin Abu Talib raportoi, että hän meni naimisiin ja hänelle rukoiltiin harmoniaa ja paljon lapsia. Hän sanoi ihmisille: "Älkää sanoko noin, vaan sanokaa, mitä profeetta ﷺ sanoi:

اللَّهُمَّ بَارِكْ لَهُمْ وَبَارِكْ عَلَيْهِمْ

'*Allahumma bäärik lähum wä bäärik 'aläjhim* (Oi Allah, siunaa heitä ja suo siunauksia heidän ylleensä).' " (*Sunan ibn Majah* 1906, *sahih* al-Albaanin mukaan)

Abu Darda raportoi, että profeetta ﷺ sanoi:

مَا مِنْ عَبْدٍ مُسْلِمٍ يَدْعُو لِأَخِيهِ بِظَهْرِ الْغَيْبِ إِلَّا قَالَ الْمَلَكُ وَلَكَ بِمِثْلٍ

"Ei ole ketään muslimipalvelijaa, joka pyytää (Allahilta) **hänen veljelleen hänen selkänsä takana paitsi, että enkeli sanoo (hänelle): 'Ja samaa sinulle.'"** (*Sahih Muslim* 2732)

[2] Silloin, kun toinen tarvitsee sinua.
[3] "-- **eikä valehtele tälle** -- " on mainittu vain *at-Tirmidhin* raportoimassa *hadithissa* (1927), joka on *sahih* al-Albaanin mukaan.
[4] Eli on kiellettyä loukata tai satuttaa.

36. hadith: Allahin muistamisen vuoksi kokoontuminen

الْحَدِيثُ السَّادِسُ وَالثَّلَاثُونَ: الاِجْتِمَاعُ عَلَى الذِّكْرِ

Abu Huraira - Allah olkoon tyytyväinen häneen - raportoi, että Allahin sanansaattaja ﷺ sanoi:

عَنْ أَبِي هُرَيْرَةَ - رَضِيَ اللَّهُ عَنْهُ - عَنْ رَسُولِ اللَّهِ ﷺ، قَالَ:

"Kuka ikinä poistaa vaikeuden uskovaisen maallisista vaikeuksista, niin Allah tulee poistamaan häneltä (auttajalta) vaikeuden tuomiopäivän vaikeuksista.

«مَنْ نَفَّسَ عَنْ مُؤْمِنٍ كُرْبَةً مِنْ كُرَبِ الدُّنْيَا، نَفَّسَ اللَّهُ عَنْهُ كُرْبَةً مِنْ كُرَبِ يَوْمِ الْقِيَامَةِ،

Ja kuka ikinä tuo helpotusta hänelle, joka on vaikeudessa, niin Allah tulee tuomaan helpotusta hänelle (auttajalle) tässä maailmassa ja tuonpuoleisessa.

وَمَنْ يَسَّرَ عَلَى مُعْسِرٍ، يَسَّرَ اللَّهُ عَلَيْهِ فِي الدُّنْيَا وَالْآخِرَةِ،

Kuka ikinä peittää muslimin virheet, niin Allah tulee peittämään hänen (peittäjän) virheet tässä maailmassa ja tuonpuoleisessa.

وَمَنْ سَتَرَ مُسْلِمًا، سَتَرَهُ اللَّهُ فِي الدُّنْيَا وَالْآخِرَةِ،

Allah on palvelijan apuna niin kauan kuin palvelija on hänen veljensä apuna.

وَاللَّهُ فِي عَوْنِ الْعَبْدِ، مَا كَانَ الْعَبْدُ فِي عَوْنِ أَخِيهِ،

Ja kuka ikinä ottaa tien opiskellakseen (uskonnollista) tietoa, niin Allah tekee hänelle tien paratiisiin helpoksi.

وَمَنْ سَلَكَ طَرِيقًا يَلْتَمِسُ فِيهِ عِلْمًا، سَهَّلَ اللَّهُ لَهُ بِهِ طَرِيقًا إِلَى الْجَنَّةِ،

Ei ole ihmisryhmää, jotka kokoontuisivat yhteen Allahin taloon resitoimaan Hänen Kirjaansa ja opiskelemaan sitä keskenään paitsi, että tyyneys laskeutuu heidän ylleen, armo peittää heidät, ja enkelit ympäröivät heidät ja Allah tulee mainitsemaan heidät niiden joukossa, jotka ovat Hänen luonaan.

وَمَا اجْتَمَعَ قَوْمٌ فِي بَيْتٍ مِنْ بُيُوتِ اللَّهِ، يَتْلُونَ كِتَابَ اللَّهِ، وَيَتَدَارَسُونَهُ بَيْنَهُمْ، إِلَّا نَزَلَتْ عَلَيْهِمُ السَّكِينَةُ، وَغَشِيَتْهُمُ الرَّحْمَةُ، وَحَفَّتْهُمُ الْمَلَائِكَةُ، وَذَكَرَهُمُ اللَّهُ فِيمَنْ عِنْدَهُ،

Ja ketä hidastaa hänen omat tekonsa (pääsemästä paratiisiin), ei hänen sukupuunsa voi auttaa häntä eteenpäin."

وَمَنْ بَطَّأَ بِهِ عَمَلُهُ، لَمْ يُسْرِعْ بِهِ نَسَبُهُ»

Tämän raportoi Muslim (2699) tällä sanoituksella.

رَوَاهُ مُسْلِمٌ بِهَذَا اللَّفْظِ (٢٦٩٩).

37. hadith: Allahin, Korkeimman, suosio

الحَدِيثُ السَّابِعُ وَالثَّلَاثُونَ: فَضْلُ اللَّهِ تَعَالَى

Ibn Abbasilta – Allah olkoon tyytyväinen heihin – on raportoitu, että Allahin sanansaattaja ﷺ raportoi hänen Valtiaansa – Mahtavan ja Majesteettisen – sanoneen:

عَنِ ابْنِ عَبَّاسٍ – رَضِيَ اللَّهُ عَنْهُمَا – عَنْ رَسُولِ اللَّهِ ﷺ فِيمَا يَرْوِي عَنْ رَبِّهِ – عَزَّ وَجَلَّ – قَالَ:

"Totisesti, Allah on kirjoittanut hyvät teot ja huonot teot ja sitten Hän selitti ne.

«إِنَّ اللَّهَ كَتَبَ الْحَسَنَاتِ وَالسَّيِّئَاتِ ثُمَّ بَيَّنَ ذَلِكَ،

Kuka ikinä aikoi tehdä hyvän teon, mutta ei tehnyt sitä[1], niin Allah kirjoittaa hänelle sen yhtenä kokonaisena hyvänä tekona. Jos hän aikoi tehdä sen ja teki sen, niin Allah kirjoittaa sen hänelle kymmenestä hyvästä teosta seitsemänsataakertaiseen asti tai moninkertaisesti enemmän[2].

فَمَنْ هَمَّ بِحَسَنَةٍ فَلَمْ يَعْمَلْهَا كَتَبَهَا اللَّهُ عِنْدَهُ حَسَنَةً كَامِلَةً، وَإِنْ هَمَّ بِهَا فَعَمِلَهَا كَتَبَهَا اللَّهُ عِنْدَهُ عَشْرَ حَسَنَاتٍ إِلَى سَبْعِ مِئَةِ ضِعْفٍ إِلَى أَضْعَافٍ كَثِيرَةٍ،

Jos joku aikoi tehdä huonon teon, mutta ei tehnyt sitä, niin Allah kirjoittaa hänelle kokonaisen hyvän teon. Jos hän aikoi tehdä sen (huonon teon) ja sitten teki sen, niin Allah kirjoittaa sen hänelle yhdeksi huonoksi teoksi."

وَإِنْ هَمَّ بِسَيِّئَةٍ فَلَمْ يَعْمَلْهَا كَتَبَهَا اللَّهُ عِنْدَهُ حَسَنَةً كَامِلَةً، وَإِنْ هَمَّ بِهَا فَعَمِلَهَا كَتَبَهَا اللَّهُ سَيِّئَةً وَاحِدَةً»

Tämän raportoi al-Bukhari (6491) ja Muslim (131) heidän *sahih*-kokoelmissaan näillä sanoilla.

رَوَاهُ الْبُخَارِيُّ (٦٤٩١)، وَمُسْلِمٌ (١٣١) فِي «صَحِيحَيْهِمَا» بِهَذِهِ الْحُرُوفِ.

38. hadith: Keinot lähestyä Allahia

الحَدِيثُ الثَّامِنُ وَالثَّلَاثُونَ: وَسِيلَةُ القُرْبِ

Abu Huraira – Allah olkoon tyytyväinen häneen – sanoi, että Allahin sanansaattaja ﷺ sanoi:

عَنْ أَبِي هُرَيْرَةَ – رَضِيَ اللَّهُ عَنْهُ – قَالَ: قَالَ رَسُولُ اللَّهِ ﷺ:

"Totisesti, Allah – Korkein – sanoi: 'Kuka

---

[1] Itsestään riippumattomista syistä.
[2] Allah kirjoittaa, mitä Hän tahtoo ja Hän arvioi teot, miten Hän tahtoo.

142

ikinä osoittaa vihamielisyyttä Minun ystävälleni (tai liittolaiselleni), niin totisesti Olen julistanut sodan häntä vastaan.

Minun palvelijani ei lähesty Minua millään, mikä olisi rakkaampaa Minulle kuin pakollisilla teoilla, joita Olen asettanut hänelle velvollisuuksiksi. Ja Minun palvelijani jatkaa lähestymistä Minuun vapaaehtoisilla teoilla, kunnes rakastan häntä.

Kun rakastan häntä, Olen hänen korvansa, joilla hän kuulee, hänen näkönsä, jolla hän näkee, hänen kätensä, joilla hän kurkottaa ja hänen jalkansa, joilla hän kävelee[1]. Ja jos hän pyytää Minulta jotain, niin annan sen hänelle ja jos hän pyytää Minulta turvaa, niin totisesti suon hänelle turvaa.

Tämän raportoi al-Bukhari (6502).

39. hadith: Piittaamattomuus virheellistä kohtaan

Ibn Abbas - Allah olkoon tyytyväinen heihin - raportoi, että Allahin sanansaattaja ﷺ sanoi:

"Totisesti, Allah ei välitä yhteisöni (rehellisistä) vahingoista, unohtavaisuudesta eikä siitä, mitä heitä on pakotettu tekemään."

Tämä *hadith* on *hasan* (an-Nawawin mukaan). Sen raportoi ibn Majah (2043) ja al-Bayhaqi (11 454) ja muut [ja al-Albaani luokitteli sen autenttiseksi].

---

[1] Eli Allah johdattaa näitä kehon osia tekemään menestyksen tekoja. Hän ei ole luomakuntansa sisällä. Ibn al-Uthaymiin - Allah armahtakoon hänet - sanoi tästä *hadithin* kohdasta:

المَعْنَى: أَنْ يُوَفَّقَ هَذَا الإِنْسَانُ فِيمَا يَسْمَعُ وَيُبْصِرُ وَيَمْشِي وَيَبْطِشُ.

"(Näiden lausuntojen) merkitys on, että tälle henkilölle annetaan menestystä (*at-tawfiiq*) siinä, mitä hän kuulee, näkee, (minne hän) kävelee ja (mitä hän) kurkottaa."

(Sharh al-arba'een al-nawawiyyah, al-Uthaymiin, 1/377)

143

40. hadith: Tuonpuoleisen viljely

Ibn Umar - Allah olkoon tyytyväinen heihin - sanoi: "Allahin sanansaattaja ﷺ otti minun olkapäästäni kiinni ja sanoi:

'Ole tässä maailmassa kuin olisit vieras tai matkustaja polulla.'

Ja ibn Umarilla oli tapana sanoa:

"Jos saavutat illan, älä oleta, että elät aamuun asti. Jos saavutat aamun, älä oleta, että elät iltaan asti. Käytä hyväksi terveyttäsi ennen sairauksiasi, ja elämääsi ennen kuolemaasi. "

Tämän raportoi al-Bukhari (6316).

الحَدِيثُ الأَرْبَعُونَ: مَزْرَعَةٌ لِلآخِرَةِ

عَنِ ابْنِ عُمَرَ – رَضِيَ اللَّهُ عَنْهُمَا – قَالَ: «أَخَذَ رَسُولُ اللَّهِ ﷺ بِمَنْكِبِي، فَقَالَ:

كُنْ فِي الدُّنْيَا كَأَنَّكَ غَرِيبٌ أَوْ عَابِرُ سَبِيلٍ.

وَكَانَ ابْنُ عُمَرَ يَقُولُ:

إِذَا أَمْسَيْتَ، فَلَا تَنْتَظِرِ الصَّبَاحَ، وَإِذَا أَصْبَحْتَ فَلَا تَنْتَظِرِ الْمَسَاءَ، وَخُذْ مِنْ صِحَّتِكَ لِمَرَضِكَ، وَمِنْ حَيَاتِكَ لِمَوْتِكَ»

رَوَاهُ الْبُخَارِيُّ (٦٤١٦).

41. hadith: Himojen vastustaminen

Abu Muhammad Abdullah ibn 'Amr ibn al-'Aas - Allah olkoon tyytyväinen heihin - sanoi, että Allahin sanansaattaja ﷺ sanoi:

"Kukaan teistä ei usko (aidosti), kunnes hänen halunsa seuraavat sitä (johdatusta), jonka kanssa minä olen saapunut."

Tämä hadith on sahih (an-Nawawin mukaan). Olemme raportoineet sen "Kitaab al-hujjah" - kirjassa autenttisella kertomaketjulla.

الحَدِيثُ الحَادِي وَالأَرْبَعُونَ: مُخَالَفَةُ الهَوَى

عَنْ أَبِي مُحَمَّدٍ، عَبْدِ اللَّهِ بْنِ عَمْرِو بْنِ الْعَاصِ – رَضِيَ اللَّهُ عَنْهُمَا – قَالَ: قَالَ رَسُولُ اللَّهِ ﷺ:

«لَا يُؤْمِنُ أَحَدُكُمْ حَتَّى يَكُونَ هَوَاهُ تَبَعًا لِمَا جِئْتُ بِهِ»

حَدِيثٌ صَحِيحٌ، رَوَيْنَاهُ فِي كِتَابِ «الحُجَّةِ» بِإِسْنَادٍ صَحِيحٍ.

42. hadith: Katumus

Anas ibn Malik - Allah olkoon tyytyväinen häneen - sanoi, että Allahin

الحَدِيثُ الثَّانِي وَالأَرْبَعُونَ: التَّوْبَةُ

عَنْ أَنَسِ بْنِ مَالِكٍ – رَضِيَ اللَّهُ عَنْهُ – قَالَ:

sanansaattaja ﷺ sanoi:

«سَمِعْتُ رَسُولَ اللَّهِ ﷺ يَقُولُ:

"Allah - Korkein - sanoi: 'Oi Aadamin lapsi, totisesti, niin kauan kuin pyydät Minulta ja toivot Minulta, tulen antamaan sinulle anteeksi sen, mitä olet tehnyt, enkä välitä.

«قَالَ اللَّهُ تَعَالَى: يَا بْنَ آدَمَ، إِنَّكَ مَا دَعَوْتَنِي وَرَجَوْتَنِي غَفَرْتُ لَكَ عَلَى مَا كَانَ مِنْكَ وَلَا أُبَالِي،

Oi Aadamin lapsi, jos syntisi ulottuisivat taivaiden pilviin ja pyytäisit Minulta anteeksiantoa, Minä antaisin sinulle anteeksi.

يَا ابْنَ آدَمَ، لَوْ بَلَغَتْ ذُنُوبُكَ عَنَانَ السَّمَاءِ، ثُمَّ اسْتَغْفَرْتَنِي، غَفَرْتُ لَكَ،

Oi Aadamin lapsi, totisesti, jos tulisit luokseni lähes maapallon verran syntejä kanssasi, ja tapaisit Minut ilman, että asetat mitään rinnalleni, niin tulisin sinua vastaan lähes maapallon verran anteeksiantoa kanssani.'"

يَا ابْنَ آدَمَ، إِنَّكَ لَوْ أَتَيْتَنِي بِقُرَابِ الْأَرْضِ خَطَايَا، ثُمَّ لَقِيتَنِي لَا تُشْرِكْ بِي شَيْئًا، لَأَتَيْتُكَ بِقُرَابِهَا مَغْفِرَةً»

Tämän raportoi at-Tirmidhi (3540) ja hän sanoi: "Hadith on hasan." [Ja al-Albaani luokitteli sen autenttiseksi (sahih).]

رَوَاهُ التِّرْمِذِيُّ (٣٥٤٠)، وَقَالَ: «حَدِيثٌ حَسَنٌ» [وَصَحَّحَهُ الْأَلْبَانِي].

وَاللَّهُ أَعْلَمُ.

Ja Allah tietää parhaiten.

⦈⦇

مِنْ هُنَا تَبْدَأُ زِيَادَةُ الْحَافِظِ ابِن رَجَبَ.

Tästä alkaa al-Hafidh ibn Rajabin lisäykset.

145

43. hadith: Antakaa perintöosuudet niihin oikeutetuille

الْحَدِيثُ الثَّالِثُ وَالْأَرْبَعُونَ: أَلْحِقُوا الْفَرَائِضَ بِأَهْلِهَا

Ibn Abbas – Allah olkoon tyytyväinen heihin – sanoi, että Allahin sanansaattaja ﷺ sanoi:

عَنِ ابْنِ عَبَّاسٍ – رَضِيَ اللهُ عَنْهُمَا – قَالَ: قَالَ رَسُولُ اللَّهِ ﷺ:

"**Annatkaa perintöosuudet niiden ihmisille** (jotka ansaitsevat ne Koraanin mukaan) **ja mitä jäljelle jää perintöosuuksista, niin se on lähimmälle miessukulaiselle.**"

«أَلْحِقُوا الْفَرَائِضَ بِأَهْلِهَا، فَمَا أَبْقَتِ الْفَرَائِضُ، فَلِأَوْلَى رَجُلٍ ذَكَرٍ»

Tämän raportoi al-Bukhari (6746) ja Muslim (1615).

خَرَّجَهُ الْبُخَارِيُّ (٦٧٤٦)، وَمُسْلِمٌ (١٦١٥).

44. hadith: Imetys tekee kielletyksi sen, minkä synnytys tekee kielletyksi

الْحَدِيثُ الرَّابِعُ وَالْأَرْبَعُونَ: الرَّضَاعَةُ تُحَرِّمُ مَا تُحَرِّمُ الْوِلَادَةُ

Aishalta – Allah olkoon tyytyväinen häneen – on raportoitu, että profeetta ﷺ sanoi:

عَنْ عَائِشَةَ – رَضِيَ اللَّهُ عَنْهَا – عَنِ النَّبِيِّ ﷺ قَالَ:

"**Imetys tekee kielletyksi sen, minkä synnytys tekee kielletyksi.**"[1]

«الرَّضَاعَةُ تُحَرِّمُ مَا تُحَرِّمُ الْوِلَادَةُ»

Tämän *hadithin* raportoi al-Bukhari (5099) ja Muslim (1444).

خَرَّجَهُ الْبُخَارِيُّ (٥٠٩٩)، وَمُسْلِمٌ (١٤٤٤).

45. hadith: Kielto myydä alkoholia, kuolleita eläimiä[2], sikoja ja patsaita

الْحَدِيثُ الْخَامِسُ وَالْأَرْبَعُونَ: مَنْعُ بَيْعِ الْخَمْرِ وَالْمَيْتَةِ وَالْخِنْزِيرِ وَالْأَصْنَامِ

Jabir – Allah olkoon tyytyväinen häneen – raportoi, että hän kuuli profeetan ﷺ

عَنْ جَابِرٍ – رَضِيَ اللَّهُ عَنْهُ – أَنَّهُ سَمِعَ النَّبِيَّ ﷺ

---

[1] Koskien naimisiinmenoa ja mahram-suhteiden muodostumista.

[2] Eli itsestään kuolleita eläimiä, niitä eläimiä, joita ei olla tapettu islamin lain mukaisesti sekä eläimiä, joita ei ole sallittua syödä.

sanovan Mekan valloituksen vuonna hänen ﷺ ollessaan Mekassa:

"Totisesti, Allah ja Hänen sanansaattajansa ovat kieltäneet alkoholin, kuolleen lihan, sian ja patsaiden myymisen (ja ostamisen)."

Sitten (hänelle ﷺ) sanottiin: "Oi Allahin sanansaattaja! Entä kuolleiden eläinten rasva, sillä sitä käytetään veneiden voiteluun ja nahkojen käsittelyyn, ja ihmiset käyttävät sitä lamppuihin?" Hän ﷺ sanoi:

"Ei, se on kiellettyä."

Sitten Allahin sanansaattaja ﷺ sanoi siinä yhteydessä:

"Allah kirotkoon juutalaiset, sillä Allah teki (eläinten) **rasvan heille kielletyiksi, mutta he käsittelivät sitä** (mm. sulattamalla) **ja sitten myivät sen ja söivät sen hinnan."**

Tämän raportoi al-Bukhari (2236) ja Muslim (1581).

عَامَ الْفَتْحِ ـ وَهُوَ بِمَكَّةَ ـ يَقُولُ:

«إِنَّ اللَّهَ وَرَسُولَهُ حَرَّمَ بَيْعَ الْخَمْرِ، وَالْمَيْتَةِ، وَالْخِنْزِيرِ، وَالْأَصْنَامِ.

فَقِيلَ: يَا رَسُولَ اللَّهِ، أَرَأَيْتَ شُحُومَ الْمَيْتَةِ، فَإِنَّهُ يُطْلَى بِهَا السُّفُنُ، وَيُدْهَنُ بِهَا الْجُلُودُ، وَيَسْتَصْبِحُ بِهَا النَّاسُ؟ قَالَ:

لَا؛ هُوَ حَرَامٌ.

ثُمَّ قَالَ رَسُولُ اللَّهِ ﷺ عِنْدَ ذَلِكَ:

قَاتَلَ اللَّهُ الْيَهُودَ؛ إِنَّ اللَّهَ حَرَّمَ عَلَيْهِمُ الشُّحُومَ، فَأَجْمَلُوهُ، ثُمَّ بَاعُوهُ، فَأَكَلُوا ثَمَنَهُ»

خَرَّجَهُ الْبُخَارِيُّ (٢٢٣٦)، وَمُسْلِمٌ (١٥٨١).

46. hadith: Kaikki, mikä päihdyttää on kiellettyä

الْحَدِيثُ السَّادِسُ وَالْأَرْبَعُونَ: كُلُّ مُسْكِرٍ حَرَامٌ

Abu Burdah raportoi hänen isältään, joka raportoi Abu Muusa al-Ash'arilta – Allah olkoon tyytyväinen häneen – että profeetta ﷺ lähetti hänet Jemeniin ja hän (Abu Muusa) kysyi häneltä ﷺ tietyistä juomista, joita valmistetaan siellä. Hän ﷺ sanoi:

"Mitä ne ovat?"

Hän (Abu Muusa) sanoi: "Al-Bit' ja al-Mizr? Sitten (hadithin raportoijalle) Abu Burdalle

عَنْ أَبِي بُرْدَةَ، عَنْ أَبِيهِ، عَنْ أَبِي مُوسَى الْأَشْعَرِيِّ ـ رَضِيَ اللهُ عَنْهُ ـ أَنَّ النَّبِيَّ ﷺ بَعَثَهُ إِلَى الْيَمَنِ، فَسَأَلَهُ عَنْ أَشْرِبَةٍ تُصْنَعُ بِهَا، فَقَالَ:

وَمَا هِيَ؟

قَالَ: الْبِتْعُ وَالْمِزْرُ، فَقِيلَ لِأَبِي بُرْدَةَ: مَا الْبِتْعُ؟

sanottiin: "Mitä on al-Bit'?" Hän sanoi: "Alkoholijuoma, joka on tehty hunajasta ja al-Mizr on alkoholijuoma, joka on tehty ohrasta, joten hän ﷺ vastasi:

'Kaikki, mikä päihdyttää on kiellettyä.'"

Tämän raportoi al-Bukhari (4343). Sen raportoi (myös) Muslim (1733) ja hänen sanoituksensa on:

"Hän (Abu Musa) sanoi: 'Allahin sanansaattaja ﷺ lähetti minut ja Mu'adhin Jemeniin ja sanoin (hänelle ﷺ): 'Totisesti, maassamme valmistetaan juomaa, jota kutsutaan al-Mizriksi, joka on tehty ohrasta ja juomaa, jota sanotaan al-Bit'uksi, joka on tehty hunajasta.' Hän ﷺ sanoi:

'Kaikki, mikä päihdyttää on kiellettyä.'"

Ja eräässä Muslimin raportissa: "Hän ﷺ sanoi:

"Kaikki, mikä päihdyttää ja estää rukoilemasta, on kiellettyä."

Ja toisessa hänen raportissaan: "Totisesti, Allahin sanansaattajalle ﷺ oltiin annettu kattavin ja ytimekkäin tapa puhua, joten hän sanoi:

"Kiellän kaiken päihdyttävän, mikä päihdyttää ja estää rukoilemasta."

47. hadith: Ihminen ei täytä pahempaa astiaa kuin vatsaansa

Miqdam bin Ma'dii Karib – Allah olkoon tyytyväinen häneen – sanoi: 'Kuulin Allahin sanansaattajan ﷺ sanovan:

قَالَ: نَبِيذُ الْعَسَلِ، وَالْمِزْرُ نَبِيذُ الشَّعِيرِ، فَقَالَ:

«كُلُّ مُسْكِرٍ حَرَامٌ»

رَوَاهُ الْبُخَارِيُّ (٤٣٤٣)، وَخَرَّجَهُ مُسْلِمٌ (١٧٣٣) وَلَفْظُهُ:

«قَالَ: بَعَثَنِي رَسُولُ اللَّهِ ﷺ أَنَا وَمُعَاذٌ إِلَى الْيَمَنِ، فَقُلْتُ: يَا رَسُولَ اللَّهِ! إِنَّ شَرَابًا يُصْنَعُ بِأَرْضِنَا يُقَالُ لَهُ: الْمِزْرُ مِنَ الشَّعِيرِ، وَشَرَابٌ يُقَالُ لَهُ: الْبِتْعُ مِنَ الْعَسَلِ، فَقَالَ:

«كُلُّ مُسْكِرٍ حَرَامٌ».

وَفِي رِوَايَةٍ لِمُسْلِمٍ: فَقَالَ:

«كُلُّ مَا أَسْكَرَ عَنِ الصَّلَاةِ فَهُوَ حَرَامٌ».

وَفِي رِوَايَةٍ لَهُ: «وَكَانَ رَسُولُ اللَّهِ ﷺ قَدْ أُعْطِيَ جَوَامِعَ الْكَلِمِ بِخَوَاتِمِهِ، فَقَالَ:

أَنْهَى عَنْ كُلِّ مُسْكِرٍ أَسْكَرَ عَنِ الصَّلَاةِ».

الْحَدِيثُ السَّابِعُ وَالْأَرْبَعُونَ: مَا مَلَأَ آدَمِيٌّ وِعَاءً شَرًّا مِنْ بَطْنٍ

عَنِ الْمِقْدَامِ بْنِ مَعْدِي كَرِبَ ـ رَضِيَ اللَّهُ عَنْهُ ـ قَالَ: سَمِعْتُ رَسُولَ اللَّهِ ﷺ يَقُولُ:

'Ihminen ei täytä pahempaa astiaa kuin vatsaansa. Aadamin jälkeläisen on riittävää syödä muutama suupala pitääkseen hänen selkärankansa suorana. Mutta jos hänen täytyy (täyttää sitä lisää), niin yksi kolmasosa on hänen ruualleen, yksi kolmasosa on hänen juomalleen ja yksi kolmasosa on hänen hengitykselleen.'"

«مَا مَلَأَ آدَمِيٌّ وِعَاءً شَرًّا مِنْ بَطْنٍ، بِحَسْبِ ابْنِ آدَمَ أَكَلَاتٌ يُقِمْنَ صُلْبَهُ، فَإِنْ كَانَ لَا مَحَالَةَ، فَثُلُثٌ لِطَعَامِهِ، وَثُلُثٌ لِشَرَابِهِ، وَثُلُثٌ لِنَفْسِهِ»

Tämän raportoi imaami Ahmad (17186), at-Tirmidhi (2380), an-Nasa'i (8736) ja ibn Majah (3349), ja at-Tirmidhi sanoi: "Tämä (hadith) on hasan".

رَوَاهُ الإِمَامُ أَحْمَدُ (١٧١٨٦)، وَالتِّرْمِذِيُّ (٢٣٨٠)، وَالنَّسَائِيُّ (٨٧٣٦)، وَابْنُ مَاجَهْ (٣٣٤٩)، وَقَالَ التِّرْمِذِيُّ: «حَسَنٌ».

48. hadith: Joka omaa seuraavat neljä ominaisuutta on tekopyhä

الْحَدِيثُ الثَّامِنُ وَالْأَرْبَعُونَ: أَرْبَعٌ مَنْ كُنَّ فِيهِ كَانَ مُنَافِقًا

Abdullah bin 'Amrilta - Allah olkoon tyytyväinen heihin - on raportoitu, että profeetta ﷺ sanoi:

عَنْ عَبْدِ اللَّهِ بْنِ عَمْرٍو – رَضِيَ اللَّهُ عَنْهُمَا – عَنِ النَّبِيِّ ﷺ قَالَ:

"Joka omaa seuraavat neljä ominaisuutta, on tekopyhä, ja joka omaa yhdenkin niistä ominaisuuksista, omaa yhden tekopyhyyden piirteen, kunnes hän luopuu siitä.

«أَرْبَعٌ مَنْ كُنَّ فِيهِ كَانَ مُنَافِقًا، وَإِنْ كَانَتْ خَصْلَةٌ مِنْهُنَّ فِيهِ كَانَتْ فِيهِ خَصْلَةٌ مِنَ النِّفَاقِ حَتَّى يَدَعَهَا:

(1) Kun hän puhuu, hän valehtelee, (2) kun hän antaa lupauksen, hän rikkoo sen, (3) kun hän riitelee, hän käyttäytyy röyhkeästi (4) ja kun hän tekee sopimuksen, hän pettää sen."

مَنْ إِذَا حَدَّثَ كَذَبَ، وَإِذَا وَعَدَ أَخْلَفَ، وَإِذَا خَاصَمَ فَجَرَ، وَإِذَا عَاهَدَ غَدَرَ»

Tämän raportoi al-Bukhari (2459) ja Muslim (58).

خَرَّجَهُ الْبُخَارِيُّ (٢٤٥٩)، وَمُسْلِمٌ (٥٨).

149

49. hadith: Allahiin luottaminen

الْحَدِيثُ التَّاسِعُ وَالْأَرْبَعُونَ: التَّوَكُّلُ عَلَى اللَّهِ

'Umar bin al-Khattab – Allah olkoon tyytyväinen häneen – raportoi, että profeetta ﷺ sanoi:

عَنْ عُمَرَ بْنِ الْخَطَّابِ – رَضِيَ اللَّهُ عَنْهُ – عَنِ النَّبِيِّ ﷺ قَالَ:

"Totisesti, jos te luottaisitte Allahiin luottamuksella, jonka Hän ansaitsee, niin totisesti Hän antaisi teille elantoa kuin Hän antaa linnuille. Ne lähtevät nälkäisinä aamulla ja palaavat illalla vatsat täynnä."

«لَوْ أَنَّكُمْ تَوَكَّلُونَ عَلَى اللَّهِ حَقَّ تَوَكُّلِهِ، لَرَزَقَكُمْ كَمَا يَرْزُقُ الطَّيْرَ، تَغْدُو خِمَاصًا، وَتَرُوحُ بِطَانًا»

Tämän raportoi imaami Ahmad (205), at-Tirmidhi (2344), an-Nasa'i (11805), ibn Majah (4164), ibn Hibban (730) hänen "Sahih"-kirjassaan ja al-Hakim (7894), ja at-Tirmidhi sanoi: "Tämä (hadith) on hasan-sahih."

رَوَاهُ الْإِمَامُ أَحْمَدُ (٢٠٥)، وَالتِّرْمِذِيُّ (٢٣٤٤)، وَالنَّسَائِيُّ (١١٨٠٥)، وَابْنُ مَاجَهْ (٤١٦٤)، وَابْنُ حِبَّانَ (٧٣٠) فِي «صَحِيحِهِ» وَالْحَاكِمُ (٧٨٩٤)، وَقَالَ التِّرْمِذِيُّ: «حَسَنٌ صَحِيحٌ».

50. hadith: Allahin muisteleminen

الْحَدِيثُ الْخَمْسُونَ: ذِكْرُ اللَّهِ

Abdullah ibn Busrilta – Allah olkoon tyytyväinen häneen – on raportoitu, että hän sanoi:

عَنْ عَبْدِ اللهِ بْنِ بُسْرٍ – رَضِيَ اللَّهُ عَنْهُ – قَالَ:

"Eräs mies tuli profeetan ﷺ luokse ja sanoi: 'Oi Allahin sanansaattaja! Totisesti, islamin säädöksiä on tullut meille paljon. Onko jotain (vapaaehtoista tekoa), johon[1]

«أَتَى النَّبِيَّ ﷺ رَجُلٌ، فَقَالَ: يَا رَسُولَ اللَّهِ! إِنَّ شَرَائِعَ الْإِسْلَامِ قَدْ كَثُرَتْ عَلَيْنَا، فَبَابٌ نَتَمَسَّكُ بِهِ جَامِعٌ؟ قَالَ:

---

[1] Tässä hadithissa tämä seuralainen ei tullut pyytämään sitä, että hänen ei tarvitsisi suorittaa pakollisia tekoja. Sen sijaan, hän pyysi vapaaehtoista tekoa, joka olisi niin kattava, että se sisältäisi suuren määrän palkkiota ja helpottaisi hänelle pakollisten tekojen suorittamista. Shaykh Abdullah ibn Salih al-Muhsin – Allah armahtakoon hänet – sanoi tästä hadithin kohdasta:

السَّائِلُ يُرِيدُ عَمَلًا غَيْرَ الْفَرَائِضِ وَلَمْ يُرِدِ الِاكْتِفَاءَ بِهِ عَنِ الْفَرَائِضِ وَالْوَاجِبَاتِ، بَلْ يُرِيدُ زِيَادَةَ الْعَمَلِ مَعَ أَدَاءِ الْفَرَائِضِ.

"Kysyjä halusi teon, joka on muu kuin pakollinen teko. Hän ei tarkoittanut, että se riittäisi korvaamaan pakolliset teot ja (muslimin) velvollisuudet. Sen sijaan, hän halusi lisää tekoja pakollisten rinnalle." (Al-Ahadithu al-arba'in an-nawawiyyah li 'Abd Allah bin Salih al-Muhsin)

Ismail al-Ansari sanoi:

(قَوْلُهُ): «فَبَابٌ نَتَمَسَّكُ بِهِ جَامِعٌ» (يَعْنِي): لِيَسْهُلَ عَنِّي أَدَاؤُهَا.

"(Hänen lausuntonsa:) 'Onko jotain, johon voimme tarttua ja joka olisi kattava', tarkoittaa: 'jotta niiden suorittaminen tulisi minulle helpoksi.'" (At-Tuhfah ar-rabbaniyyah fi sharh al-arba'in hadithan an-nawawiyyah 1/104)

voimme tarttua ja joka olisi kattava (helpottamaan pakollisia tekoja)?' Hän ﷺ sanoi:

'Pidä kielesi kosteana Allahin muistamisesta.'

Tämän raportoi imaami Ahmad (205) tällä sanoituksella. Ja sen raportoi myös at-Tirmidhi (2344), ibn Majah (4164) ja ibn Hibban (730) *"Sahih"* -kirjassaan tällä merkityksellä, ja at-Tirmidhi sanoi: "Tämä *hadith* on *hasan-ghariib"*.

Kaikki he raportoivat sen Amr ibn Qays al-Kindiltä, joka välitti sen Abdullah ibn Busrilta.

Ja ibn Hibban raportoi sen hänen *Sahih*-kirjassaan, ja muut (oppineet) Mu'adh ibn Jabalin *hadithista*, joka sanoi:

'Viimeinen asia, jonka sanoin Allahin sanansaattajalle ﷺ meidän erkaantuessamme oli: 'Mikä teoista on paras ja vie eniten Allahin lähelle?' Hän ﷺ sanoi:

'Se, että kuolet kielesi ollessa kostea Allahin muistamisesta.'"

لَا يَزَالُ لِسَانُكَ رَطْبًا مِنْ ذِكْرِ اللَّهِ عَزَّ وَجَلَّ»

خَرَّجَهُ الإِمَامُ أَحْمَدُ (٢٠٥) بِهَذَا اللَّفْظِ. وَخَرَّجَهُ التِّرْمِذِيُّ (٢٣٤٤) وَابْنُ مَاجَهْ (٤١٦٤) وَابْنُ حِبَّانَ (٧٣٠) فِي «صَحِيحِهِ» بِمَعْنَاهُ، وَقَالَ التِّرْمِذِيُّ: «حَسَنٌ غَرِيبٌ».

وَكُلُّهُمْ خَرَّجَهُ مِنْ رِوَايَةِ عَمْرِو بْنِ قَيْسٍ الكِنْدِيِّ، عَنْ عَبْدِ اللَّهِ بْنِ بُسْرٍ رضي الله عنه.

وَخَرَّجَهُ ابْنُ حِبَّانَ فِي «صَحِيحِهِ» وَغَيْرُهُ مِنْ حَدِيثِ مُعَاذِ بْنِ جَبَلٍ رضي الله عنه قَالَ:

«آخِرُ مَا فَارَقْتُ عَلَيْهِ رَسُولَ اللَّهِ ﷺ أَنْ قُلْتُ لَهُ: أَيُّ الأَعْمَالِ خَيْرٌ وَأَقْرَبُ إِلَى اللَّهِ؟ قَالَ:

أَنْ تَمُوتَ وَلِسَانُكَ رَطْبٌ مِنْ ذِكْرِ اللَّهِ عَزَّ وَجَلَّ».

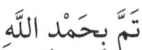

تَمَّ بِحَمْدِ اللَّهِ

Kiitokset Allahille - tämä kirja on saatu valmiiksi.